中国体育学文库

| 运动人体科学 |

中枢神经递质、脑电复杂度变化及干预方法研究

——以优秀射箭运动员为例

李欣鑫 | 著

北京体育大学出版社

策划编辑　孙宇辉
责任编辑　田　露
责任校对　井亚琼
版式设计　中联华文

图书在版编目（CIP）数据

中枢神经递质、脑电复杂度变化及干预方法研究：
以优秀射箭运动员为例/李欣鑫著 . --北京：北京体
育大学出版社，2025.2
　　ISBN 978-7-5644-3928-6

Ⅰ.①中… Ⅱ.①李… Ⅲ.①射箭-运动员-中枢神
经系统-运动（生理）②射箭-运动员-电生理学 Ⅳ.
①G887.14

中国国家版本馆 CIP 数据核字（2023）第 206571 号

中枢神经递质、脑电复杂度变化及干预方法研究
　　——以优秀射箭运动员为例　　　　　　　李欣鑫　著
ZHONGSHU SHENJINGDIZHI、NAODIAN FUZADU BIANHUA JI GANYU
FANGFA YANJIU ——YI YOUXIU SHEJIAN YUNDONGYUAN WEILI

出版发行：北京体育大学出版社
地　　址：北京市海淀区农大南路 1 号院 2 号楼 2 层办公 B-212
邮　　编：100084
网　　址：http：//cbs.bsu.edu.cn
发 行 部：010-62989320
邮 购 部：北京体育大学出版社读者服务部 010-62989432
印　　刷：河北鸿运腾达印刷有限公司
开　　本：710mm×1000mm　1/16
成品尺寸：170mm×240mm
印　　张：7
字　　数：80 千字
版　　次：2025 年 2 月第 1 版
印　　次：2025 年 2 月第 1 次印刷
定　　价：85.00 元

序

　　随着规则的多次变化，现代竞技射箭项目的制胜规律也随之发生重大转变。无论是在冬训阶段，还是在重大比赛的赛前阶段，射箭运动员（以下简称运动员）的中枢神经系统机能也随着训练负荷量、负荷强度的不同设置而发生有规律的变化。可以说，对新规则下运动员中枢神经系统机能的变化规律及干预方法的研究是分析评估训练效果、改进实施训练计划、提高运动员竞技水平的基础。在石岩教授的指导下，作者李欣鑫博士在里约热内卢奥运周期长期驻国家射箭队进行随队科研工作。在驻队过程中作者通过长期观察，敏锐地发现了这一学术研究方向，并选择了这一研究领域，对国家射箭队、山西省射箭队等专业运动队的在役运动员进行了长期跟踪研究，并取得了一定的研究成果。在整个撰写过程中，作者得到了国家射箭队、山西省射箭队及很多射箭训练与科研领域的教练员和专家的大力协助，其研究也得到了成果使用方的认可。作者将这些成果进行了系统梳理，形成本书，提供给射箭训练领域的教练员与科研人员使用。

　　作者在研究中运用了脑电超慢涨落技术、脑电非线性分析方法，对我国优秀运动员进行了长期、系统的跟踪研究，对里约热内卢奥运周期国家射箭队运动员的脑电复杂度与中枢神经递质参数进行系统的跟踪测试与分析，同时对参加 2008 年和 2012 年奥运会、2010年和 2014 年亚运会以及 2011 年和 2015 年世界射箭锦标赛的运动员的脑电复杂度与中枢神经递质参数进行对比分析；对在不同负荷状态下运动员中枢神经系统机能的变化特点，重大比赛前运动员中枢神经递质参数、脑电复杂度等的变化特征，不同发射位置运动员全脑中枢神经递质的分布特点，以及脑波诱导训练对运动员中枢神经系统机能的影响等进行了系统的分析。作者对射箭训练过程中的训练负荷状态进行了归纳总结，提出了 3 种训练负荷状态：LL-LLI 负荷状态（低负荷量+低负荷强度训练），HL-LLI 负荷状态（高负荷量+低负荷强度训练），LL-HLI 负荷状态（低负荷量+高负荷强度训练）。对运动员在这 3 种负荷状态下的常规脑电指标、全脑中枢神经递质、脑电复杂度进行了系统的对比分析，发现了在这 3 种负荷状态下国家射箭队运动员中枢神经系统机能的变化规律。同时，作者对参加 6 场国际重大比赛的国家射箭队运动员赛前 30 天内的脑电测试数据进行对比分析，发现这些运动员在赛前不同阶段以及参加不同类型比赛时，其中枢神经系统机能参数的差异特点。在研究过程中，国家射箭队运动员进行了 30 天的脑波诱导训练，作者发现运动员大脑的放松程度有了显著提高，运动员机体处于一种良好的协调状态。脑波诱导训练促进了运动员中枢神经系统物质代谢水平的提高，从而使运动员的中枢神经系统机能得到改善，同时缓解了紧张情绪并改善了疲劳状态。上述研究成果解决了专业射箭队运动员训练后疲劳状态快速诊断、赛前竞技状态评估以及训练效果评价等训练备战过程中的重要问题。这些开创性的研究成果对于提高专业射箭队运动员的训练与竞技水平具有重要的应用价值。同时，部分研究属于国内相关领域的首次尝试。

目录
CONTENTS

绪论

第一节 引言

射箭项目发展至今，随着规则的多次变化，专项训练的侧重点也历经多次转变，由早期的重视排名赛，到排名赛、淘汰赛并重，再发展到如今局胜制下的以排名赛能力为基础，更加强调淘汰赛能力的理念。在2012年伦敦奥运会前，国际射箭联合会（International Archery Federation，ITA，以下简称国际箭联）决定实施局胜制规则，世界各国对射箭项目的研究随着规则的大幅变化而明显加强。淘汰赛采用局胜制，这使得箭支数变少，单局的竞争愈加激烈，比赛愈加残酷。射箭是一项强调技术和心理的运动项目，在高水平运动队中对射箭运动员①中枢神经系统机能的监测与研究一直是该项目训练

①　后文中，运动员或指射箭运动员，或指含射箭运动员在内的多项目运动员。论及其他专项运动员，会写明其项目名称。

监控的重要工作。当今高水平运动员的训练负荷调控更加科学化、合理化，负荷的量度也趋于定量化。目前，学术界对射箭训练负荷的定义比较一致：射箭的训练负荷指运动员在承受一定的外部刺激时，机体在生理和心理方面所表现出来的应答反应①。研究显示，近年来我国优秀运动员在日常训练中的专项负荷量已呈大幅增长的趋势②。目前，国内各省市专业射箭队衡量专项训练负荷量的指标以运动员在单位时间内开弓总次数和实际发射箭支的次数为主；而衡量专项训练负荷强度则以训练类型、本人最高环数差、箭间密度、组间密度、动作感觉成功率、每周队内测验次数等几项指标为主③。

中国运动员的竞技水平在 2008 年北京奥运会后有了很大提高。随着国际箭联对赛事规则的大幅修改，比赛越来越激烈，运动员在训练和比赛中承受的压力与负荷也越来越大。因此，项目特点的变化带来了制胜因素的变化，快稳准的竞赛制胜因素要求运动员在射箭训练与比赛过程中始终保持注意力高度集中，运动员的本体感觉要非常灵敏，完成技术动作要非常准确。同时，由于赛场环境的不确定因素越来越多，运动员要快速准确地对赛场环境，如风向、风速以及阴雨情况等进行评估，并对技术动作以及心理做出快速调整。因此，现代竞技射箭项目对优秀运动员中枢神经系统机能水平的要

---

① 郭蓓. 射箭备战重大比赛期各部分训练内容的基本特点 [J]. 体育科研, 2006（6）：51-58.

② 郭蓓，姚颂平. 我国射箭运动训练现状的调查与分析 [J]. 中国体育科技, 2005（5）：108-112.

③ 郭蓓. 射箭备战重大比赛期专项训练负荷的特点 [J]. 体育科研, 2006（5）：46-52.

求也随着规则的改变而提高①。相对于大多数奥运会比赛项目来说，射箭项目的技术动作并不复杂，这表现在举弓、撒放的动作幅度相对较小，撒放的关键技术动作属于静力性运动②。运动员经过大负荷量训练后往往会出现肌肉疲劳现象，表现为开弓力量减小，动作准确性、关键肌群协调性以及肩肘关节柔韧性等降低。如果这些问题仅仅出现在日常训练中，往往会被忽视，而如果出现在大赛之前，则会被运动员过分地放大。有研究人员提出一种观点：支配肌肉产生收缩的中枢神经系统机能水平下降，会随之出现肌肉疲劳现象。射箭项目的训练与比赛对运动员中枢神经系统的影响是明显的③。目前，判断运动员中枢神经系统机能水平主要采用脑电技术进行定性或定量分析，再依据分析结果进行评估④。多年来，体育科研水平的提高，各种监测设备的便携化，使得在高水平运动队中对运动员进行驻队训练监测成了一种常态化工作⑤。以往在实验室中使用的脑电技术，由于计算机的微型化、采样设备的小型化以及屏蔽干扰信号的能力增强，如今被很多省市的体育科研院所引入运动队的日常训练监测活动中。在体育科研领域中对运动员中枢神经系统机能进行

① 李欣鑫，李建英. 优秀射箭运动员不同负荷状态下中枢神经递质及脑电复杂度变化的研究 [J]. 体育科学，2015（3）：39-43.

② 张秀丽，刘卉，刘学贞. 射箭技术评价指标的综合研究 [J]. 体育科学，2008（12）：21-38.

③ 郭蓓. 射箭项目制胜规律探讨 [J]. 体育科研，2006（4）：64-70.

④ 贺太纲，刘建平. 精神疲劳及其测定 [J]. 生物医学工程学杂志，1996，13（3）：267-273.

⑤ 张力为. 值得运动心理学家探索的6个问题 [J]. 心理学报，2004（1）：116-126.

研究的方法主要分为主观评定方法和客观评定方法两类[1]。主观评定方法大多采用问卷调查或量表测试的形式，让运动员自行评价和描述其身体感觉、心理感受，研究人员再通过一定的评分标准计算总分，最终判断其中枢神经系统机能水平的高低。这类方法在研究中表现出速度快、规模大的优势，但也存在很多问题。首先，这些问卷以及量表的评分标准无法统一；其次，运动员在填写过程中会受到多心理因素的影响。客观评定方法则与上述方法有很大区别。这类方法多采用仪器设备对运动员进行生理学、心理学、生物化学等指标的测试分析，评估运动员的中枢神经系统机能。相对于主观评定方法，它的结果更加客观准确，并且不容易受到运动员主观意识的影响。不过这种方法的不足也比较明显，仪器操作复杂、费用较高、测试评估时间相对较长。在国内体育科研领域，对运动员大脑机能的研究基本上不会使用单一种类的方法，更多的是将主观评定方法和客观评定方法结合使用。此类研究多以生物电测试为主，在测试前后对运动员进行量表测试及问卷调查，最终综合评价运动员在不同状态下中枢神经系统机能水平的变化。国家射箭队在备战重要赛事前都会进行运动员脑电测试，这个工作始于 2003 年，之后脑电测试一直是大赛前教练员安排调整运动员训练负荷量及强度的参考措施[2]。

---

① ZHANG L Y, ZHENG C X, LI X P, et al. Feasibility study of mental fatigue grade based on kolmogorov entropy [J]. Space medicine & medical engineering, 2005 (5): 375-380.

② 王霆，李建英，时卫东. 中国射箭队备战第 17 届仁川亚运会不同训练阶段脑电非线性参数分析及脑波诱导干预的研究 [J]. 天津体育学院学报，2015（1）：47-51.

第二节 国内外研究现状

一、射箭项目技战术的相关研究

现代射箭比赛举办至今，竞赛规则发生了很大变化。这直接影响了射箭项目技战术训练理念的发展方向。规则的变化既使射箭项目的技战术日臻完善，也对从事竞技射箭的运动员承受竞赛中心理刺激的能力提出了更有针对性的要求。因此，在理论层面对射箭项目的特征进行客观的研究有助于准确掌握射箭项目的总体特点，也有助于针对我国射箭项目的发展现实制定相应的政策与措施，形成具有中国特色的技战术风格，进而对实现我国运动员在奥运会上冲金夺银产生重要的推动作用。

许永刚等[①]认为，作为一项对身体协调性与肌肉耐力要求较高的运动项目，射箭项目的技术特点就是在一段较长的时间内，在站立状态下重复地完成举弓、开弓、瞄准、撒放等技术动作。运动员的相关肌肉在较长时间运动中的抗疲劳能力及肌肉耐力，是影响运动员完成射箭关键技术动作的重要因素。同时，研究还表明，射箭项目的技术动作要求之一是运动员在撒放过程中用力一致，这一关键

① 许永刚，徐开才．中国射箭女队第25届奥运会赛前计划及周训练调控 [J]．体育科学，1994（6）：33-38.

因素的基础是肌肉用力的协调性。

  房晓伟[①]认为，射箭项目与其他项目存在很大的区别。第一，射箭项目本身具有一定的特殊性。反曲弓在运动员持弓臂与拉弓臂的共同作用下产生弹力，通过对箭支的作用力释放能量，使箭支飞向箭靶，箭支的飞行动力完全来源于运动员的肌肉力量。因此，射靶的准确性是由运动员完成撒放技术动作的准确性来决定的。第二，射箭项目的训练具有一定的特殊性。射箭项目的竞赛制胜关键是射靶的准确性，这是一项对肌肉运动的协调性要求很高的项目。所以，射箭项目的 3 个基本动作要素是一致、稳定与协调。从起弓到撒放，在整个射箭技术动作中运动员的发力要顺、要直。在此基础上，运动员还要遵守规则，具备快速撒放的能力。这样才能做到用最小的力量和最少的时间来有效完成一个射箭动作，并命中靶心。第三，射箭技术的动作自动化具有一定的特殊性。运动员在技术训练过程中，只有对每一个技术环节确立稳定的标准流程，才能在不同的外界环境中不出现偏差。由于射箭项目的固有特点和比赛规则的限制，在训练过程中运动员需要高度集中注意力，有强烈的"质量意识"，自觉、严格、高标准地要求自己。

  郭显德和石岩[②]对参加两场大型运动会射箭比赛〔第 41 届世界射箭锦标赛（以下简称世锦赛）、第九届全国运动会射箭比赛〕的

---

  ① 房晓伟. 我国青少年射箭项目基础训练关键问题研究［D］. 北京：北京体育大学，2012.

  ② 郭显德，石岩. 现代射箭运动竞技特征与我国射箭奥运夺金策略的研究［J］. 体育科学，2003（1）：71-74.

运动员进行现场观察与分析，同时对中国、韩国等的高水平教练员进行访谈，总结出在竞赛规则不断变化的情况下，射箭技战术与竞技特点虽然发生了很大的变化，但主要特征仍集中体现在3个方面，即快、稳、准。

在早期的射箭比赛规则中，没有任何条款限制比赛时间，导致比赛竞争程度较低，"快射"技术的概念尚未被教练员与运动员认可，也没有成为研究的重点。在当时的训练中，对于如何让肌肉具有最强的稳定性，教练员的普遍认识是从固势动作开始到动作完成，撒放的时间应该为6~8 s。在此时间段内完成开弓、停顿、瞄准等准备后才撒放。运动员以这种技术流程完成的发射过程，不仅不能做到整个射箭动作的连贯、一致以及稳定撒放，导致箭无法按照预想射中靶心，而且6~8 s的开弓过程会消耗运动员大量的体力和精力，容易造成运动员的疲劳。随着规则的变化，越来越多的教练员与运动员意识到"快射"技术的优点。"快射"技术大大缩短了运动员开弓的时间。这种技术将原有的阶段划分明显的技术环节整合简化为边开弓、边瞄准、边加力的整体动作，这一方面可以加快发射动作的节奏，缩短完成发射动作的时间，节约比赛时间，另一方面可以减少开弓撒放过程中不必要的停顿与重新发力动作，使得射箭技术动作能够一气呵成地完成。运动员在完成射箭动作时要做到连贯、一致、稳定，在动作实施过程中保持身体平衡、不受其他外力影响。这种在动态过程中保持的身体平衡是撒放技术动作稳定的基础，可以让运动员在射箭过程中避免较大的晃动，为精确瞄准奠定良好的基础。世界优秀运动员一般都采用这种环节少、节奏快的先进打法，以适应严格限制比赛时间的新规则。以往的研究发现，大多数优秀运动员从开弓到瞄准的时间为 1.5~2.5 s，更有甚者，从开弓到瞄准的时间低于 1 s。

目前，射箭项目所实行的赛制是排名赛与淘汰赛相结合的。淘汰赛所采用的是在 20 s 内发射 1 支箭的一对一淘汰的形式，时间有限、运动员情境压力大。这就要求运动员能够在激烈的比赛中更加稳定地发挥。何为稳定？稳定不仅包括单个技术动作的稳定和在全部 6 轮淘汰赛中技术动作的稳定，还包括心理与情绪的稳定。动作的稳定可以保证运动员在发射时单个技术动作的精确和快速。在淘汰赛之前的排名赛中，运动员面临的压力并不大，即使在比赛中出现失误也有机会挽回，不必担心因失误而被淘汰。而在淘汰赛阶段，运动员所承受的心理压力要远远大于排名赛阶段的心理压力。多场比赛的分析结果显示，在多数情况下，排名赛成绩靠前的运动员并没有进入奖牌决赛，而且在通常情况下会很早就被淘汰。因此，运动员要想获得奖牌，要经历多轮比赛，在这些轮次的比赛中运动员不仅需要具备雄厚的竞技实力，而且需要非常稳定的参赛心理及技术动作。运动员要连续参赛且只有获胜才能最终获得金牌，在这个过程中，任何环节出现微小的失误都会导致运动员被淘汰而无法取得预期的成绩。因此，能否在竞赛中达到稳定的状态，是评估运动员综合竞技能力的一项重要指标。

毋庸置疑，评价运动员是否进入高水平等级的重要指标之一就是准确性。现代射箭比赛的激烈程度越来越高，在现行规则下，双方运动员很容易在比赛中打成平手，要通过附加赛才能决出胜负，因此运动员必须在比赛中具备准确做出撒放动作并命中黄心甚至射中 10 环的能力。准确，不仅是要结果准确，更是要过程准确。射箭的撒放动作看似简单，但要做到准确、一致并不容易。撒放关键技术的细微差异就会导致运动员不能准确流畅地完成技术动作。准确完成整套射箭技术动作，不仅撒放动作要准确，更要有稳定的心态和专注力。

通过上述分析，现代射箭项目的制胜因素可以总结为快、稳、准，其中快是基础，稳是核心，准是保障。

二、射箭项目负荷的研究

在田麦久教授的项群理论中[①]，射箭项目被归类于技心能主导类表现准确性运动项目。因此，运动员的心理能力、技术能力和体能是有机结合在一起的。优秀运动员则是以技术能力和体能为基础、以心理能力为主导的。运动员在训练与比赛中所使用的弓、箭、靶以及场地器材是恒定不变的，规则严格规定了射箭比赛的流程以及各个事项，在没有极端条件出现的情况下（如大风吹倒箭靶、大雨使运动员无法看清箭靶）一般不会更改，因而运动员在体能方面的消耗并不会出现大的波动。因此，所谓运动员专项负荷的主要来源并不是体能负荷，而是心理负荷，其负荷强度的评估也更多是以心理负荷的大小来衡量的。

---

① 田麦久. 运动训练学发展历程的回顾及 21 世纪展望 [J]. 体育科学, 1999 (2)：33-36.

运动员的专项训练负荷不仅具有一般运动训练负荷的普遍特点，还具有鲜明的项目特征。其中，心理负荷更是射箭项目所特有的。射箭项目是一种对运动员的心理素质要求很高的项目。在训练和比赛中，运动员承受着很大的心理负荷。以往的研究发现，在参赛方面，运动员参加等级越高的比赛，心理负荷越大；而在训练方面，运动员进行的训练和记分测试的难度越大、要求越高，心理负荷也越大。同时，无论是在训练测试还是在比赛中，运动员的竞技水平越接近，他们之间的对抗越激烈，运动员承受的心理负荷也就越大。

郭蓓在 2006 年的研究中提出，竞技射箭专项训练负荷所呈现的发展趋势主要体现如下：射箭训练的专项负荷总量较以往已经大幅度增加，每周的训练时间有所延长，运动员承受的负荷强度显著提高，年度参赛次数明显增加①。尤其是自 1992 年国际箭联修改射箭竞赛规则以来，奥运会、世锦赛、亚运会等重要比赛均采用了奥林匹克淘汰赛赛制，运动员需要参加排名赛、淘汰赛、决赛 3 个阶段的竞争，这一方面使比赛的激烈程度远超以往，另一方面使运动员承受的心理负荷也愈加增大。

许实德等②③ 1994 年对广东省射箭队运动员在定量负荷下模拟比赛练习后的若干生理指标的测试结果进行分析，探索运动员练习后疲劳的特征及用重心稳定度来评价疲劳程度的可行性，为针对性

① 郭蓓．射箭项目制胜规律探讨［J］．体育科研，2006（4）：64-70.

② 许实德，廖先兴，李顺福，等．射箭运动员定量负荷疲劳程度若干指标的测试与分析［J］．广州体育学院学报，1994（2）：76-80.

③ 许实德，廖先兴．射箭运动员定量负荷后疲劳消除效果的研究［J］．广州体育学院学报，1994（3）：31-36.

选择疲劳恢复手段和合理安排训练提供依据。结果表明：局部疲劳为主，视觉和神经系统疲劳为次，是运动员练习后疲劳的特征。

房晓伟、李少丹①以专家访谈、问卷调查、实地观察为主要研究方法，对我国青少年运动员的训练现状进行调查，得出结论：我国射箭项目仍沿用三级训练培养模式，梯队建设的途径和渠道相对单一；国内执教业余队或青少年队伍的教练员虽然大多数有良好的运动训练经历，但综合执教能力相对较弱；在射箭项目后备人才培养的过程中，训练以单周期模式为主，比较重视技术训练，但在体能训练与心理训练方面还存在很大的不足；在专项力量训练方面相对缺乏有针对性的训练方法，在有氧运动能力方面训练手段简单；青少年运动员每周的训练负荷水平虽然接近成年组运动员，训练的箭支数量虽然较多，但训练的质量不高；与竞争对手韩国的青少年运动员相比，我国青少年运动员参加的年度比赛数量较少。

三、脑电技术在体育科研领域中应用的研究现状

目前已经有很多研究证明了脑电波可以分析大脑认知活动的时

---

① 房晓伟，李少丹．从中韩射箭运动比较探我国青少年射箭运动之发展［J］．南京体育学院学报（社会科学版），2011（3）：109-112．

序信息①②③④⑤，但是早期脑电波分析方法无法直接提供精确的脑部区域信息。因此，为了能够深入、客观、准确、便捷地去分析大脑的状态，研究人员结合新兴的计算机技术研发出一系列具有可视化特征的分析技术（脑电地形图、脑象图、脑电超慢涨落图）。这些技术相较于早期脑电技术能够更加可靠、便捷地从原始脑电数据中提取特征信号，因此被广泛应用于医学研究以及其他行业领域的科研与服务中。目前基于计算机技术的脑电图分析是一种无创的头皮测量方法。由于其具备毫秒级的高时域分辨率的特点，被广泛应用于心理学认知领域的实验研究中。

目前对大脑高级功能的研究方法主要有 4 种，除脑电图外，还有功能性磁共振成像（functional magnetic resonance imaging，fMRI）和正电子发射体层成像（positron emission tomography，PET），以及

---

① 李颖洁，樊飞燕，陈兴时. 脑电分析在认知研究中的进展［J］. 北京生物医学工程，2006（3）：321-324.

② 吴东宇，董为伟. 脑电非线性分析在认知功能研究中的应用［J］. 中华神经科杂志，2003（5）：335-338.

③ 洪波，唐庆玉，杨福生，等. 近似熵、互近似熵的性质、快速算法及其在脑电与认知研究中的初步应用［J］. 信号处理，1999（2）：100-108.

④ 蒋长好，陈婷婷. 脑电生物反馈对认知和脑功能的影响［J］. 内蒙古师范大学学报（自然科学汉文版），2015（1）：129-132.

⑤ 张作生，张晓晖. 脑电与认知活动的相关性［J］. 生物学杂志，1999（6）：9-10.

脑磁图高分辨率分析方法①②③。与脑电图相比，fMRI 和 PET 两种分析方法的优势在于空间分辨率高。但这两种技术的劣势也很明显，那就是时间分辨率明显低于脑电图。从 3 种技术的分析参数来看，fMRI 和 PET 主要观测被试者大脑活动引起的神经元代谢变化，测试时间相对较长，而脑电图则主要观测被试者大脑神经元的电活动变化。脑磁图与脑电图有一定的相似性，尤其是对时域方面的信号，这两种技术的分辨率都很高，都具有非常高的精确性，而且脑磁图的优势在于更容易对信号源的空间位置进行定位，因此在空间分辨率方面脑磁图要比脑电图更好。不过脑磁图的劣势也很明显，该技术主要应用于临床医学研究和心理学实验室研究，其设备价格偏高、体积偏大、不易移动，因此无法应用于运动队的训练监测与科技服务工作。而脑电图的设备价格较低、体积较小、便于携带，能够在运动环境下对运动员进行实时测试，使用方便灵活。运动员在接受脑电测试的过程中，能够进行多种认知与运动技术方面的任务。但前面讲述的其他 3 种研究方法都无法应对在信号采集过程中出现的头部位置移动的现象，这就在一定程度上限制了它们的使用范围。

---

① 马园园，郑罡，周洁敏，等. 基于 fMRI 的脑功能整合数据分析方法综述 [J]. 生物物理学报，2011，27（1）：18-27.

② 曹家义. 正电子发射断层扫描在神经外科应用进展 [J]. 中国微侵袭神经外科杂志，1998（3）：218-221.

③ 胡洁，胡净，黄定君. 脑磁图研究进展 [J]. 生物医学工程与临床，2003（3）：181-184.

（一）高水平运动员中枢神经系统机能监控的研究现状

在现代竞技体育中，各运动项目的竞技水平越来越高。在很多世界纪录被刷新的背后，运动员需要承受更高的训练强度和更大的训练量。因此，专业化的竞技训练对科技服务提出了更高、更多、更全的要求，这就需要科研人员对优秀运动员进行长期、系统、量化的训练监测。科研人员通过对监测数据的分析，对运动员的身体机能特征、关键技术特点以及不同训练竞赛阶段的心理状态进行评估与诊断，依据这些结果，对运动员的训练后机能恢复、伤病康复以及避免过度训练造成的运动疲劳等方面进行合理的干预；同时，针对运动员参加的不同级别的竞赛，为高水平运动队提供调控竞技状态的生理学依据①②③。所以中枢神经系统的活动状态与机能水平在众多的技能主导类竞赛项目中起着非常重要的作用④⑤⑥。在比赛中，射击等项目的运动员需要在特定时间内保持中枢神经系统的高度敏锐性，同时注意力要高度集中在比赛中的各个环节，准确地对完成技术动作的相关肌群进行精细控制并完成协调运作，同时运动

① 田野．运动生理学高级教程［M］．北京：高等教育出版社，2003：195.

② 沈帅．运动训练的生理监控与生理学分析［J］．体育科技，2014（4）：95-96.

③ 付宪红，李长龙．运动生理监控指标研究进展［J］．南京体育学院学报（自然科学版），2010（3）：158-160.

④ 王琳．优秀蹦床运动员脑电超慢涨落参数特征的研究［J］．成都体育学院学报，2012（8）：49-52.

⑤ 周未艾，陈海涛，何文革，等．中国优秀射击运动员超慢脑电涨落图分析［J］．中国运动医学杂志，2010，29（2）：197-202.

⑥ 宋爱晶，裘晟，张援，等．比赛应激源对不同级别竞技水平跳水运动员脑α波与神经递质的时序影响［J］．中国运动医学杂志，2014（6）：583-589.

员还要在一段较长的时间内保持良好的竞技状态①②。射击、排球等项目的运动员往往会在重大比赛之前的备战训练阶段出现一些异常状况，如在训练中会出现乏力烦躁的现象，在训练后会出现厌食以及失眠等现象，在心理方面也会出现易怒、情绪低落等现象。但如果对运动员进行常规的身体机能检查，并不会出现异常的指标变化，也不会出现明显的病变状况。在这种情况下，科研人员一般会利用脑电图结合心理学量表对运动员的中枢神经系统的机能水平进行系统、连续的测试与分析③。

在 20 世纪 50 年代，脑电图已经应用在对运动员训练过程进行大脑神经活动监测的研究中④，以苏联的研究为主。其中，施丘米勒对技能类项目运动员在运动技能形成各个阶段的脑电波的变化特点及其差异进行了研究；马杰耶夫等人的研究发现，运动员在出现运动性疲劳时，其脑电信号会出现明显的变化；拉伊特勃克对划船运动员的脑电图进行了专门的研究，发现当运动员在训练中出现极点时脑电图发生了明显的变化⑤。随着脑电技术的发展，越来越多的国外研究者开始将注意力放在以自控过程为主的运动项目中，美、韩等

---

① 郑杨，王刚，徐进，等．大脑皮层-肌肉交互作用与注意力关系的实验研究 [J]．西安交通大学学报，2014（6）：134-138.

② 刘敏．中国优秀手枪射击运动员持枪臂表面肌电特征及其训练监测系统的应用研究 [D]．太原：山西大学，2010.

③ 王晨，郑樊慧，赵德峰，等．排球运动员中枢神经系统机能监控相关指标研究 [J]．中国运动医学杂志，2015，34（4）：375-382.

④ 秦素荣．运动员脑电图研究综述 [J]．西安体育学院学报，2003（2）：54-56.

⑤ 郑清喜．韩国国家射箭队备战奥运会心理训练 [C]．北京：全国运动心理训练培训班，2005.

国的研究人员开始应用脑电技术来研究运动员在操作活动过程中不同
阶段的心理活动变化特点①②③，研究表明，技能主导类项目运动员
在实施技术动作过程中，心理状态表现为大脑效率的变化，同时大
脑皮层电活动表现出一定程度的左右半球的不对称性。一些研究还
发现，运动员动作的自动化程度、流畅状态与 α 频段功率谱之间存
在着一定的关联。研究者认为，脑电活动是上述状态的生理学基础。
近年来，研究重点开始涉及运动员在大赛前及赛中产生的竞赛焦虑
情绪对其在比赛中的运动表现是否有显著影响，以及这种影响的生
理学机制等。

　　中华人民共和国成立后，竞技体育开始进入一个蓬勃发展的阶
段，对运动训练的科学研究也开始向着系统、深入及多学科方向发
展。佟启良和杨锡让等④首次将脑电图分析应用于优秀田径运动员和
射箭运动员中枢神经系统机能的监测与评定研究中，并对两个项目
运动员的脑电图特点进行了阐述。研究人员还对运动员想象比赛时
的脑电图变化进行了专门的研究。在运动后恢复方面，研究人员针

　　① KERICK S E, HATFIELD B D, ALLENDER L E. Event-related cortical dynamics
of soldiers during shooting as a function of varied task demand [J]. Aviation, space, and
environmental medicine, 2007, 78（5）: B153-B164.

　　② NORLANDER T, BERGMAN H, ARCHER T. Primary process in competitive
archery performance: effects of flotation REST [J]. Journal of applied sport psychology,
1999, 11（2）: 194-209.

　　③ HAMMOND D C. Neurofeedback for the enhancement of athletic performance and
physical balance [J]. The journal of the American board of sport psychology, 2007（1）:
1-9.

　　④ 佟启良，杨锡让，等. 运动生理学 [M]. 北京：北京体育学院出版社，
1991.

对经穴按摩是否能够促进运动员中枢神经系统机能恢复也进行了初步的探索。翁庆章等①则对登山运动员进行了跟踪研究，分析了运动员在高山缺氧状态下脑电图的变化特点，运动员在出现过度训练综合征时脑电图与平时相比具有明显差异。而对优秀马拉松运动员在比赛前后脑电图的研究显示，运动员在一段时间的大负荷运动后，中枢神经系统、相关肌肉以及心肺等脏器都会出现一定程度的机能水平下降的现象，因此在大负荷运动后要及时进行中枢神经系统机能监测。黄登惠等②③④将研究对象扩大到少年运动员以及不同训练水平的运动员，对不同研究对象的脑电图特点进行了分类描述。姚士硕等⑤则针对不同训练水平的大学生在运动负荷状态下的脑电特点进行了研究，对动力性疲劳和静力性疲劳之间的脑电图差异进行了比较。

总体来看，脑电技术已经广泛地应用在运动负荷评估、过度训练状态诊断以及脑部损伤康复评价等研究领域⑥。从 20 世纪 90 年代

---

① 翁庆章，杨伟钧．过度训练综合症运动员的脑电图（附 50 例图形分析）[J].中国体育科技，1983（1）：13-16.

② 黄登惠，刘宇宁，孙晓菁．少年运动员脑电图特点 [J].成都体院学报，1987，13（3）：96-100.

③ 黄登惠，孙晓菁．女运动员脑电图特点 [J].四川体育科学，1988（4）：24-28.

④ 黄登惠．117 例运动员 α 脑波分析 [J].成都体育学院学报，1990，16（2）：89-93.

⑤ 姚士硕，张国棣，吴洪水，等．不同训练水平大学生安静时，负荷时及疲劳时的脑电分析 [J].安徽师大学报（自然科学版），1981（2）：145-156.

⑥ 李四化．心理疲劳下运动员反应效果监控的 ERP 特征 [D].北京：北京体育大学，2013.

至今，脑电技术已经呈现出方法更加全面和先进、研究内容更加深入的态势。由于采集设备更加小型化，可以对更多种类的运动项目进行跟踪研究，脑电技术与运动项目的结合更加密切。

（二）运动员神经心理状态的研究现状

张振民等[①]运用脑电技术对自行车运动员"动作回忆"状态下的大脑活动进行了长期的观察，研究结果表明，自行车运动员在进行"动作回忆"的脑电测试阶段中，被试者的 α 节律会出现被抑制的特殊现象，而且这种现象与训练有关，也就是说 α 节律被抑制的程度与运动员训练的程度相关。同时，运动员 α 指数也出现被抑制的现象。研究者利用这一现象来评估运动员的注意力集中的能力，在"动作回忆"过程中 α 指数被抑制的程度越高，注意力集中的程度也就越高。

张振民等[②]对优秀乒乓球运动员的脑电波进行跟踪监测。13 名被试运动员的运动水平均为世界冠军级。研究发现，优秀乒乓球运动员大脑功能的一些特点及中枢神经系统新陈代谢的方式，均与其长期接受的技术打法训练有一定的关系。采用快攻打法的优秀乒乓球运动员大脑枕区的 α 波呈现速度爆发型态势。这类运动员在技术训练中表现为挥拍速度爆发力占优势。采用弧圈结合快攻打法的优

---

① 张振民，杨伟钧. 自行车运动员"动作回忆"对脑电波 α 指数的影响 [J]. 体育科技资料，1980（26）：27-33.

② 张振民，周末艾，蔡振华，等. 中国乒乓球世界冠军运动员脑功能特征研究 [J]. 中国运动医学杂志，2002（5）：452-457.

秀乒乓球运动员，其大脑枕区 α 波呈现的变化则明显不同，在技术训练中表现为速度力量占优势。采用削球打法的优秀乒乓球运动员，其大脑枕区的 α 波以强度型变化为主，在技术训练中表现为以力量型为主。而在运动表象阶段的测试中，被试运动员的 α 波指数被抑制的程度，在一定程度上能够作为评估运动员注意力集中能力的指标。运动水平最高的冠军组运动员 α 波指数被抑制程度要显著高于普通组运动员（$P<0.001$）。在评价运动员训练负荷应激水平方面，脑电功率谱比值是简易有效的评估指标。教练员利用这一指标可以有效调控训练强度。冠军组运动员与普通组运动员相比，对运动负荷的承受能力更强，且两组被试者之间的差异十分明显（$P<0.001$）。

周未艾等[1]对我国优秀跳水运动员进行了长期的跟踪研究，结果显示我国优秀跳水运动员中枢神经系统的机能状态存在一定的性别差异，其中女运动员稍强于男运动员。同时，研究人员还对乒乓球、短道速滑等项目运动员的中枢神经系统机能进行了对比研究，结果表明优秀跳水运动员大脑唤醒水平（兴奋性）与上述两个项目优秀运动员之间没有显著差异。但与乒乓球、短道速滑等项目的运动员相比，优秀跳水运动员的脑电能量比值相对较低。

魏高峡等[2]利用脑电超慢涨落仪系统地对 20 名优秀游泳运动员在赛前 1 周与赛后 1 天的脑功能状态进行了分阶段测试，测试时间

① 周未艾，陈长庚，张振民，等. 中国优秀跳水运动员大脑机能监控研究[J]. 中国运动医学杂志，2004，23（6）：649-653.

② 魏高峡，梁承谋，李佑发，等. 优秀游泳运动员赛前心理状态的脑功能特征研究[J]. 体育科学，2005，25（10）：41-46.

主要选择赛前 1 周、赛前 1 天和赛后 1 天 3 个阶段。测试结果显示，在赛前 1 天，优秀游泳运动员大脑中的中枢神经递质 5-羟色胺、乙酰胆碱和多巴胺出现了特殊的空间构型，具体表现为 5-羟色胺的右脑优势、乙酰胆碱的前高后低走向和多巴胺的左脑优势。因此，赛前 1 天可能是运动员赛前心理状态发生变化的关键点。

（三）在运动负荷下脑机能适应性的研究现状

以往的研究已经证实①②③，运动方式、运动强度和持续时间等均能够对游泳等项目运动员脑电波的各个参数产生影响，但影响的效果并不相同。有研究显示④，在承受静力性负荷时，不同训练水平大学生脑电 4 个频段的导频百分比会出现变化，具体变化趋势以 β 波指数显著提高为主；而这些大学生出现疲劳现象后，脑电参数会出现 θ 波指数显著提高的现象，但研究人员在图形分析中并没有发现典型 δ 波波形。

张振民等⑤的研究也显示，利用功率自行车对女子排球运动员施加定量负荷后，运动员的脑电测试结果呈现明显的变化，在负荷状

---

① 史祝梅. 杠铃蹲起负荷前、后脑电功率值的变化 [J]. 中国体育科技，1999（8）：11-13.

② 王乐军，陆爱云，郑樊慧，等. 低负荷静态收缩诱发屈肘肌疲劳的肌电与脑电相干性分析 [J]. 体育科学，2014（2）：40-47.

③ 宋高晴. 热条件下运动负荷对脑的生理功能及代谢的影响 [J]. 山东体育学院学报，2004（3）：48-51.

④ 姚士硕，张国棣，吴洪水，等. 不同训练水平大学生安静时，负荷时及疲劳时的脑电分析 [J]. 安徽师大学报（自然科学版），1981（2）：145-156.

⑤ 张振民，岑浩望，徐敬琴，等. 中国女排运动员不同负荷自行车运动时脑电图研究 [J]. 中国运动医学杂志，1984（4）：212-218.

态下的大脑枕区 α 波波幅比在安静状态下有一定的提升。同时，女子排球运动员经过一定的功率自行车负荷训练后，其 β 波指数呈现显著增加的趋势。

（四）过度训练后脑机能适应性的研究现状

运动员在运动训练中出现过度训练综合征是非常常见的。出现过度训练综合征的主要原因是训练安排不合理以及对运动恢复不重视。过度训练综合征最常见的症状是中枢神经系统机能出现紊乱。有研究表明①②，近 60% 的出现过度训练综合征的射击、射箭等项目运动员的脑电图会出现一定的异常状态，并且会伴随出现心血管系统和消化系统的异常状态。

张树栋③采集了 90 名出现过度训练综合征运动员的 169 段脑电数据，与对照组的 60 名未出现过度训练综合征运动员的脑电图数据进行对比研究，发现出现过度训练综合征的运动员在 15 s 原地快跑后 α 波波幅没有明显的变化，而未出现过度训练综合征的运动员的 α 波波幅则出现显著的提升；在脑电测试过程中，两组被试运动员在过度换气阶段 α 波波幅均出现一定的提升，其中未出现过度训练综合征的运动员的提升幅度更为显著；出现过度训练综合征的运动员在安静状态的测试中脑电慢波指数（以下简称慢波指数）较对照

---

① 陈一帆，翁庆章. 过度训练运动员脑电波的功率谱分析及其计算机频域差值判别方法 [J]. 中国运动医学杂志，1988（1）：10-14.

② 何洋. 我国优秀射箭运动员脑电特征的研究 [D]. 太原：山西大学，2008.

③ 张树栋. 运动员过度训练综合症的脑电图 [J]. 体育科技资料，1974（18）：42-52.

组高，同时出现过度训练综合征的运动员在运动负荷后慢波指数显著增高；所有出现过度训练综合征的运动员都在顶枕部出现了 β 波波幅显著增高的现象。

翁庆章等[①]早在 1983 年的研究中就对过度训练影响中枢神经系统机能的问题进行过探讨。该研究利用脑电技术，将 50 名出现过度训练综合征的运动员与健康对照组进行比较，研究发现出现过度训练综合征的运动员，其脑电图阳性率为 60%；同时，出现过度训练综合征的运动员 α 波指数显著降低，θ 波、δ 波发生概率达到 100%；健康对照组则明显不同，只有 46.7% 的概率会出现 θ 波、δ 波；过度训练后有 77.6% 的运动员 θ 波、δ 波指数超过了 5%，而健康对照组仅有 3.6% 被试者的 θ 波、δ 波指数在 5% 以上。

（五）运动员神经机能选材的研究现状

张振民等[②]运用脑电地形图评价技术，在训练阶段对优秀乒乓球运动员的中枢神经系统机能进行了系统的测试与分析。研究发现，乒乓球运动员在进行表象比赛阶段的脑电测试时，采用快攻打法的运动员大脑枕区的 α 波的频率变化呈现主频变快、波幅降低的趋势，这一现象说明运动员大脑神经元的代谢速率变快，但其代谢的强度有所降低。而以弧圈打法为主的运动员，其大脑枕区 α 波的频率变

---

① 翁庆章，杨伟钧．过度训练综合症运动员的脑电图（附 50 例图形分析）[J]．中国体育科技，1983（1）：13-16.

② 张振民，关僾，马国敏，等．优秀乒乓球运动员神经调节机能的特征[C]//中国体育科学学会．第五届全国体育科学大会论文摘要汇编．北京：北京体育大学，1997：81.

化则明显不同，呈现主频变慢、波幅升高的趋势，这在一定程度上说明运动员大脑神经元的代谢速率降低，代谢强度相对加强。采用快攻与弧圈结合打法的运动员 α 波的频率及波幅则呈现动态变化交替进行的状态。

张振民等[①]在针对优秀乒乓球运动员的脑电测试及研究中，对74 名被试运动员大脑的调节机能进行了系统的分析与评估。分析结果显示，α 波是一种有效评估乒乓球运动员技术打法及其中枢神经系统神经元代谢方式的生理学指标。在被试运动员进行表象比赛的过程中，采用快攻技术打法的运动员，其脑电波频率呈现加快的趋势；而采用弧圈打法的运动员，其脑电波波幅呈现升高的趋势；采用快攻与弧圈结合打法的运动员，其脑电波呈现频率加快与波幅升高交替变化的趋势。乒乓球运动员 α 波指数被抑制的比例可以作为注意力集中程度的评价指标，用来评估运动员的竞技能力。上述指标在不同运动等级的乒乓球运动员之间具有显著的差异性（$P <$ 0.01）。

吕雅君等[②]利用一种由脑电技术发展而来的新型可视化大脑机能评估手段，对不同专项的各等级运动员的脑象图参数进行了跟踪采集，并对脑象图参数与智商指标之间的相关关系进行了定性分析。研究结果表明，脑象图参数具有一定的实用价值，可以在运动员选

---

① 张振民，马国敏，关伊，等. 优秀乒乓球运动员神经调节机能特征［J］. 中国运动医学杂志，1998（3）：200-205.

② 吕雅君，马启伟，李安格，等. 运动员脑象图与智力 IQ 的相关研究［J］. 天津体育学院学报，2001（4）：20-22.

材与状态评估方面作为具有统计学意义的实用指标。

周北云等①通过分析不同性别、不同级别的 115 名举重运动员的 α 波，利用脑电复合谱分析技术，对采集的脑电数据进行分型与分类。研究结果表明，举重运动员脑电熵值可以作为该项目的一种行之有效的选材指标，脑电熵值与运动员的选材意义之间呈反比趋势。

四、脑电信号非线性分析方法的研究现状

在大多数情况下，生命活动中存在着广泛的混沌现象，可以说生命更多呈现的是非线性属性。在以往对大脑的研究中，混沌现象曾被当作一种无法分析的随机信号噪声而被研究人员摒弃。随着计算机技术高速发展，生命科学的研究水平也得到了大幅提高，非线性分析方法开始广泛地被研究人员应用，混沌现象在脑功能研究领域中的意义也逐渐被认识。通过对脑电信号进行非线性分析，大脑的感知、判断和决策等高级功能被研究人员逐渐揭示。研究表明，人类大脑是一个复杂巨系统。在人类的生命活动过程中复杂现象普遍存在，学术界需要一种对复杂程度进行相对精确的量化分析与描述的方法。非线性分析方法恰恰能够解决定量分析大脑复杂活动的问题。

巴洛扬茨等②曾对人类在睡眠状态下的大脑脑电维数进行了非线

---

① 周北云，李捷，罗智. 脑电活动类型对优秀举重运动员选材评估的价值 [J]. 中国临床康复，2005（36）：102-105.

② BABLOYANTZ A, SALAZAR J M, NICOLIS C. Evidence of chaotic dynamics of brain activity during the sleep cycle [J]. Physics letters A, 1985, 111 (3): 152-156.

性分析，首次对脑电信号低维度嵌入结构的混沌特性进行了定义。但由于当时的非线性分析方法比较表浅，且研究中的样本量较小，所以研究的全面性不足。同时，由于 20 世纪 80 年代的计算机运算能力较差，所以无法对多种状态下的全脑脑电数据进行采集分析。随着计算机运算速度的提升以及非线性分析理论的发展，在之后的研究中相同的规律被多次证明。德沃夏克等①的研究对上述问题进行了纠正，提出以往的研究并没有很好地体现非线性理论在脑电分析中的价值。在后续实验中，研究人员增大了样本量，并将不同状态下的脑电数据进行分类，然后再对这些数据进行比较研究。

由于运用非线性理论在大脑研究中遇到了很多现实问题，研究人员开始用更严格的信号检测方法来对脑电的混沌特性进行研究。虽然在实验中推算脑电信号的准确维数是非常困难的，但这对不同状态下脑电维数的差异性研究是具有现实意义的。脑电维数在不同征兆时，大脑有两种变化趋势，一种是兴奋性增高，另一种是兴奋性降低，而 α 波的变化恰恰可以反映出这两种趋势。α 波是一种确定性的随机信号，并具有明显的混沌特性②，具有渐近的自相似有序性的现象，因此可以利用非线性理论定量地分析 α 波的动力学信

---

① DVORAK I, HOLDEN A V. Mathematical approaches to brain functioning diagnostics [J]. Manchester University Press, 1991, 395: 39-74.

② BANKIER B, LITTMAN A B. Psychiatric disorders and coronary heart disease in women—a still neglected topic: review of the literature from 1971 to 2000 [J]. Psychotherapy and psychosomatics, 2002, 71 (3): 133-140.

息①。大多数研究已经对 α 波是一种分形维结构做出了各种推测，并且对其混沌特性进行了深入的探讨。对运动员中枢神经系统机能状态的研究表明，出现疲劳征兆的运动员 α 波的混沌特性会比正常状态下的运动员 α 波的混沌特性明显减弱。非疲劳状态和疲劳状态明显的区别之一就是脑电的最大李雅普诺夫指数的不同。它可以定量地刻画相空间中相邻轨道的平均发散速率，是判断一个系统是否处于混沌状态的重要的量化指标之一②。

平卡斯③提出定量描述复杂系统不规则性的非线性分析参数近似熵。它是一种在相空间中定量反映数据混沌状态的重要指标。当数据在相空间的维数增加时，数据在时间序列所产生新模式的可能性越大，其对应的近似熵也就越大。该指标在非线性分析方法中的优势在于，它并不需要大量的数据才能计算出稳定的估计值，仅需要 100~5000 个数据点。因此，此种方法非常有利于对脑电信号复杂性的分析④。

伦佩尔和齐夫⑤设计了新的复杂度分析方法——Lempel-Ziv 复

① GARDE S, REGALADO M G, SCHECHTMAN V L, et al. Nonlinear dynamics of heart rate variability in cocaine-exposed neonates during sleep ［J］. American journal of physiology heart and circulatory physiology, 2001, 280 （6）: H2920-H2928.

② 韩清鹏，王平，王黎，等. 疲劳状态下 EEG 信号 α 波的最大李雅普诺夫指数估算 ［J］. 江南大学学报（自然科学版），2006 （5）: 627-630.

③ PINCUS S M. Approximate entropy: a complexity measure for biological time series data ［C］//IEEE. Proceedings of the 1991 IEEE Seventeenth Annual Northeast Bioengineering Conference. USA, Hartford: Hartford Graduate Center, 1991: 35-36.

④ 张崇，郑崇勋，于晓琳，等. 基于脑电近似熵的脑机能疲劳状态分析 ［J］. 航天医学与医学工程，2006 （6）: 459-461.

⑤ LEMPEL A, ZIV J. On the complexity of finite sequences ［J］. IEEE transactions on information theory, 1976, 22 （1）: 75-81.

杂度，这种分析方法较以前的更为简化。与以往的复杂度不同，Lempel-Ziv 复杂度所反映的是在一个维度下数据随着序列长度的增加而出现新模式的变化速率。换言之，就是一个随时间发展的数据序列，随着数据的增加，其出现新模式的变化速率。脑电数据表现复杂，其复杂度反映了其随机程度，即决定这段脑电数据序列信息量的规模，同时反映了大脑神经元处理信息活动的有序程度①。脑电数据序列所包含的信息量与这段数据的复杂度参数有密切的关系。举例来说，脑电信号的复杂度越高，其表现的随机程度也就越高，随之所反映出的大脑信息量也就越大。

（一）脑电信号非线性分析方法在病理学研究中的应用现状

以往的关于脑电生物反馈疗效的研究，主要局限于患者症状的改善。赵龙莲等②对 6 名癫痫患者的 16 导联脑电近似熵进行了研究，在实验中强化了患者 12~15 Hz 的感觉运动节律波，抑制了 4~8 Hz 的 θ 波。通过实验，6 名患者的癫痫症状均有明显改善，16 导联脑电近似熵也有不同程度的增加。特别是通过训练，患者右侧中央回附近导联的近似熵显著增加，这表明脑电节律训练治疗有助于改善癫痫症状。其原因可能是被试患者的大脑皮层神经元群体电生理活动的混沌状态更加深化。该研究结果表明，近似熵作为评估脑电生

① 刘建平，贺太纲，郑崇勋，等 . EEG 复杂性测度用于大脑负荷状态的研究[J]. 生物医学工程学杂志，1997，14（1）：33-37.

② 赵龙莲，伍文清，胡广书 . 基于脑电反馈的难治性癫痫病人的近似熵分析[J]. 清华大学学报（自然科学版），2009（3）：411-415.

物反馈疗效及人体大脑状态变化的指标是完全可行的。

张胜等①针对安静状态和心算状态，分别对抑郁症患者和普通人进行了全脑 16 导联脑电信号的采集与分析。研究结果显示，抑郁症患者脑电复杂度与普通人相比存在明显的差别。在安静状态下，普通人的脑电复杂度远低于抑郁症患者，在心算状态下普通人的脑电复杂度也显著低于抑郁症患者。这也从另一个角度证明脑电非线性分析方法能够有效评估抑郁症。

万柏坤等②将出现早期阿尔茨海默病征兆的患者与同龄普通人的脑电复杂度与近似熵两个指标进行了对比分析。同龄普通人的全脑脑电复杂度明显高于早期阿尔茨海默病患者，同时脑电近似熵也出现了相同的规律，两种指标的差异均具有显著性。因此，脑电复杂度与近似熵两种非线性分析参数可以用来评估大脑机能水平。

李颖洁等③选择了 62 名精神分裂症患者与 26 名普通人作为研究对象，对两组被试者在安静闭目、闭眼心算连减和数字划消 3 种认知作业刺激下的脑电数据进行 Lempel-Ziv 复杂度处理，对比这一非线性分析参数在两组间的差异。研究结果表明，3 种认知作业刺激对精神分裂症患者与普通人的脑电复杂度均产生了影响，两组间的差异具有显著性。

---

① 张胜、乔世妮、王蔚. 抑郁症患者脑电复杂度的小波熵分析［J］. 计算机工程与应用，2012（4）：143-145.
② 万柏坤、陈骞、綦宏志. 早老性痴呆的脑电复杂度与近似熵特征分析［J］. 北京生物医学工程，2005（2）：103-107.
③ 李颖洁、樊飞燕、朱贻盛. 精神分裂症脑电在不同认知作业下的复杂度分析［J］. 北京生物医学工程，2006（5）：470-473.

（二）脑电信号非线性分析方法在中枢神经系统机能研究中的应用现状

顾凡及等①采集了 13 名被试者的连续脑电图数据，并对其全脑 16 导联脑电数据进行了复杂度分析。测试过程包含看、听、休息和心算等 8 种被试状态。研究结果表明，8 种被试状态下的脑电复杂度均出现明显变化，不同导联之间的脑电复杂度也存在明显差异。具体表现为睁眼状态高于闭眼状态，在任务状态下枕区高于额区。

范维等②采集了 45 名健康的 0~15 岁儿童的 16 导联脑电数据，脑电采集持续进行了 24 h。脑电数据被分割为 6 个阶段，包括安静睁眼阶段、安静闭眼阶段、非快速眼动睡眠阶段、浅睡阶段、深睡阶段以及快速眼动睡眠阶段。该研究分析了上述阶段脑电复杂度与儿童年龄的关系。研究结果表明，睁眼状态的脑电复杂度高于闭眼状态的脑电复杂度，清醒状态的脑电复杂度高于睡眠状态的脑电复杂度。在非快速眼动睡眠阶段，随睡眠程度的加深，脑电复杂度随之降低。快速眼动睡眠阶段的脑电复杂度高于深睡阶段的脑电复杂度，但低于清醒状态的脑电复杂度。范维等在对不同状态下全脑平均脑电复杂度与年龄的相关分析中发现，安静睁眼阶段、安静闭眼阶段和浅睡阶段的全脑平均脑电复杂度与年龄呈正相关，而在深睡

---

① 顾凡及，宋如垓，王炯炯，等. 不同状态下脑电图复杂性探索 [J]. 生物物理学报，1994（3）：439-445.

② 范维，刘晓燕. 不同年龄及状态下儿童脑电复杂度的特征 [J]. 北京大学学报（医学版），2003（5）：462-465.

阶段及快速眼动睡眠阶段，全脑平均脑电复杂度与年龄无显著相关性。在安静闭眼阶段，各脑区脑电复杂度与年龄均呈正相关，而安静睁眼阶段和浅睡阶段旁中线区脑电复杂度与年龄有一定的相关性。该研究认为，脑电复杂度这一非线性分析指标在不同生理状态下的脑动力学特征，以及脑电活动与脑发育关系的研究中具有统计学意义，是评价儿童脑功能状态及脑发育水平的一个可靠的量化参数。

裴晓梅等①对人脑想象左右手运动任务时的事件相关脑电复杂度进行了分类研究。该研究中所利用的脑电分析方法是一种被称为马氏距离判别式分析法的非线性分析方法。该研究通过运用脑电信号的事件相关去同步和事件相关同步两种方法，对被试者在想象左右手运动的过程中，其大脑初级感觉运动皮层区的脑电信号时程的复杂度进行分析。结果显示，脑电复杂度作为一个评价参数能够有效地反映人脑想象左右手运动过程时脑电的变化特征，最大分类正确率为86.43%可以佐证这一点。脑电复杂度分析也为研究大脑运动意识任务的特征、提取以及分类提供了一个崭新的思路。

李伟等②对24名健康成年男性被试者进行了两昼夜的睡眠剥夺实验，研究了不同的诱发刺激因素（音乐、磁场和局部高压氧）对睡眠被剥夺者的脑电近似熵和脑电复杂度的影响。实验结果显示，在睡眠被剥夺的不同时间段里，被试者脑电近似熵的平均值会随其

①　裴晓梅，和卫星，郑崇勋. 基于脑电复杂度的意识任务的特征提取与分类[J]. 中国生物医学工程学报，2005（4）：421-425.

②　李伟，申广浩，周伟，等. 基于各物理因素对睡眠剥夺者脑电的影响［J］. 中国医学物理学杂志，2009（3）：1239-1241.

大脑疲劳程度的增加而降低。在前半程的实验中，被试者的脑电近似熵和脑电复杂度的差异并不具有显著性，但当睡眠剥夺实验进行至后半程时，被试者的脑电近似熵和脑电复杂度的差异则具有了显著性。因而研究人员认为，不同的物理诱发刺激因素可以影响被试者的脑电数据结果，脑电近似熵随着大脑疲劳程度的增加而降低，它很可能成为评估大脑疲劳程度的指标。

刘苗苗等①利用脑电信号数据的非线性特征，应用非线性多尺度熵的计算分析方法对 12 名处于不同驾驶状态的司机的大脑各导联脑电信号进行测试分析。研究人员发现，12 名接受测试的司机处于不同的驾驶状态时，其大脑的脑电熵值虽然不相同，但数据趋势的特征是一致的。这表现为处于非疲劳驾驶状态的司机的脑电熵值要显著高于处于疲劳驾驶状态的司机的脑电熵值。上述实验结果说明，非线性多尺度熵可以用于判断司机是否处于疲劳驾驶状态。

第三节　研究目的与意义、研究假设，以及研究内容

一、研究目的与意义

本文利用脑电非线性分析方法及脑电超慢涨落技术，通过系统

---

① 刘苗苗，艾玲梅. 驾驶疲劳脑电信号的多尺度熵分析 [J]. 计算机技术与发展，2011（8）：209-212.

监测量化的脑电指标来评定优秀运动员在参加大赛前各阶段不同负荷训练后，大脑高级功能及中枢神经系统机能的变化特点，并有针对性地进行干预训练，评估干预训练的效果。一方面，笔者对在不同负荷量与负荷强度的训练状态下，运动员大脑的中枢神经递质参数与脑电复杂度变化的情况进行研究，掌握在专项负荷刺激后反映大脑机能的各项监测指标的变化幅度以及变化特点，探讨其变化的基本规律，为优秀运动员专项负荷训练提供理论依据及监测数据支持；另一方面，在赛前阶段，对反映大脑机能的中枢神经递质参数与脑电复杂度变化的情况进行研究，掌握在赛前训练阶段上述各项指标的变化幅度以及变化特点，为今后国家射箭队运动员备战奥运会、亚运会、世锦赛等重大比赛的赛前训练提供理论依据及监测数据支持。同时，本文运用脑波诱导技术对国家射箭队运动员大脑的机能状态进行干预训练（30 d），并探讨干预训练对运动员中枢神经递质参数及脑电复杂度的影响，为优秀运动员大脑机能恢复提供新的方法与途径。

二、研究假设

研究假设如下。

（1）3种不同类型的负荷组合形式对优秀运动员的中枢神经递质参数与脑电复杂度有一定影响。

（2）在参加不同类型的重要比赛前，国家射箭队运动员的大脑中枢神经递质参数与脑电复杂度是不同的。

（3）在团体比赛中，不同发射位置运动员全脑中枢神经递质的分布特点是不同的。

（4）在冬训期间的大负荷量训练阶段，脑波诱导训练可以在一定程度上改善国家射箭队运动员的中枢神经系统机能。

三、研究内容

研究内容如下。

（1）优秀运动员在 3 种类型的负荷状态下，其中枢神经递质参数与脑电复杂度的变化特点。

（2）国家射箭队运动员在参加重大比赛前，大脑中枢神经递质参数与脑电复杂度的变化特点。

（3）在团体比赛中，不同发射位置运动员全脑中枢神经递质的分布特点。

（4）脑波诱导训练对优秀运动员在大负荷量训练后的脑电复杂度和中枢神经递质参数产生的影响。

第一章

研究对象与研究方法

第一节　研究对象

　　本文的研究对象为国家射箭队运动员，其中包括参加 2008 年和 2012 年奥运会、2010 年和 2014 年亚运会，以及 2011 年和 2015 年世锦赛的优秀运动员。部分研究还设立了普通人对照组，被试者均为身体健康的成年人，在前期的预测试中并未发现被试者患有大脑器质性疾病。

　　本文测试中的被试者的基本情况如下。

　　第一部分测试的主要目的是观察与探讨优秀运动员在 3 种类型的负荷状态下，其中枢神经递质参数与脑电复杂度的变化特点。因此在测试中被试者被分为 2 组，实验组由 2014—2015 年度国家射箭队运动员组成，对照组则由山西大学在校大学生组成（表 1-1）。

表 1-1 第一部分测试的被试者一般情况

人员	年龄/岁	训练年限/年	数量/人
实验组（运动员）	22.7±4.4	9.2±2.1	36
对照组（普通人）	23.5±5.1	无	36

第二部分测试的主要目的是了解国家射箭队优秀运动员参加重大比赛前，大脑中枢神经递质参数与脑电复杂度的变化特点。选取的被试运动员为参加 2008 年奥运会的 6 名国家射箭队优秀运动员，参加 2012 年奥运会的 6 名国家射箭队优秀运动员，参加 2010 年亚运会的 8 名国家射箭队优秀运动员，参加 2014 年亚运会的 8 名国家射箭队优秀运动员，以及参加 2011 年、2015 年世锦赛的共 12 名国家射箭队优秀运动员（表 1-2）。

表 1-2 第二部分测试的被试运动员基本情况

所参加赛事	男/人	女/人	年龄/岁	运动健将/人
2008 年奥运会	3	3	26.03±2.81	5
2012 年奥运会	3	3	23.44±2.86	5
2010 年亚运会	4	4	23.70±3.42	8
2014 年亚运会	4	4	21.06±2.27	8
2011 年世锦赛	3	3	23.61±4.28	6
2015 年世锦赛	3	3	20.18±3.15	6

第三部分测试的主要目的是探讨在团体比赛中处于不同发射位置的优秀运动员全脑中枢神经递质的分布特点。测试中的被试者为

2014—2015 年度冬训期间国家射箭队运动员（表 1-3）。

表 1-3　第三部分测试的被试运动员一般情况

性别	年龄/岁	训练年限/年	数量/人
男	23.4±5.2	9.6±2.4	36
女	22.1±4.7	8.9±3.1	36

第四部分测试的主要目的是验证脑波诱导训练是否对优秀运动员在大负荷量训练后的脑电复杂度和中枢神经递质参数产生影响。测试中的被试者为 2015—2016 年度冬训期间国家射箭队运动员（表 1-4）。

表 1-4　第四部分测试的被试运动员一般情况

性别	年龄/岁	训练年限/年	数量/人
男	21.5±5.9	9.3±2.2	36
女	20.4±4.3	9.2±2.6	36

第二节　研究方法

一、文献资料法

整理和收集射箭、脑电、脑波诱导训练等相关研究文献，归纳与本文有关的信息。同时，阅读经过梳理后的文献，并撰写文献综述，为论文的整体框架奠定扎实的理论基础。

二、专家访谈法

针对本文的选题方向、研究内容、研究方法以及可行性等问题，通过邮件、电话与面对面讨论等形式对中国射箭界的知名教练、运动员以及相关领域科研院所的知名专家进行调研访谈（表 1-5）；请访谈专家对优秀运动员的脑电复杂度、中枢神经递质以及干预方法等重要技术参数进行探讨分析。笔者依据访谈资料结果对论文数据进行分析与整理。

表 1-5 重点访谈专家一览表

姓名	基本情况
刘希源	国家射箭队总教练
穆勇	国家射箭队领队
田渝陵	国家射箭队女队主教练
陈全林	国家射箭队女队教练
何影	国家射箭队女队教练
张娟娟	2008 年奥运会射箭冠军
潘敏锐	国家射箭二队教练
姜林	山东省射箭队教练
薛海峰	山东省射箭队教练
吴逢波	国家蹦床队教练
赖永钦	国家射箭队男队主教练
丁继军	国家射箭队男队教练
靖相青	山东省射箭队教练

续表

姓名	基本情况
郭梅珍	河南省射箭队教练
孟繁爱	国家射箭队前领队
王友群	山西省射箭队总教练
樊爱丽	山西省射箭队主教练
杨建平	2001 年世锦赛冠军
高志青	北京市体育科学研究所副研究员
冯燕超	陕西省射箭队总教练
练国富	福建省射箭队总教练
姜丽	国家体育总局射击射箭运动管理中心科研部部长
毛松华	国家体育总局射击射箭运动管理中心科研部副部长
王琳	北京体育大学教授
李四化	首都体育学院讲师
王霆	山西省体育科学研究所助理研究员

三、测量法

（一）测试与干预训练的仪器

测试仪器采用北京太阳电子科技有限公司生产的 SOLAR1848 脑电图仪（图 1-1），使用梅磊教授研发的中枢神经递质系统对所采集的脑电数据进行超慢涨落分析。

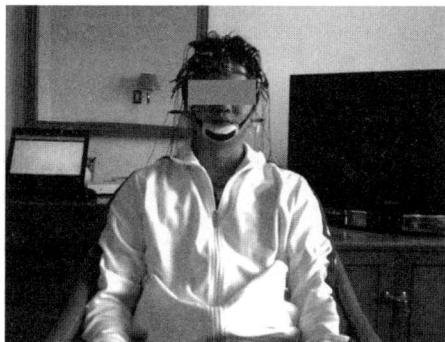

图 1-1 脑电图测试

脑波诱导训练（图1-2）辅助设备为上海惠诚科教仪器有限公司生产的 Auto-Relax Wi-Fi 智能反馈团体无线减压系统。

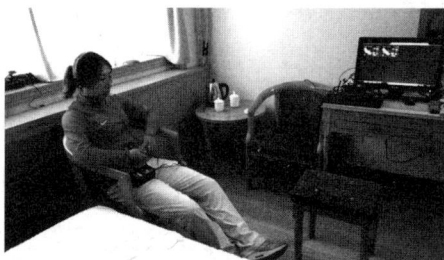

图 1-2 脑波诱导训练

（二）脑电测试过程

在每年冬训阶段以及每次大赛前 1 个月，国家射箭队会对运动员进行赛前的机能评估，这自 2008 年已形成固定机制。因此，本研究利用这一便利条件，对国家射箭队运动员冬训期间不同负荷状态以及大赛前 1 个月的大脑机能，进行了比较系统的跟踪测试。在整个测试过程中，被试运动员需要坐姿闭目，两手平放在腿上，遵从测试人员的指导语，在平和安静的状态下进行测试。BECKMAN 纯银鞍状电极在被试运动员头顶的放置遵循国际脑电图学会标准安装法（国际 10/20 系统电极放置法），测试人员分别在运动员的额区、中央区、顶区、枕区、颞区放置 16 个采样电极，双侧耳垂分别放置夹式参考电极。

测试选择在运动员训练课结束 1 h 后进行，整个测试过程需要被试运动员闭目、安静、清醒，两手自然放在双腿上，保持坐姿，整个测试过程为 18 min。若被试运动员在测试中感觉手麻或头晕，则动手指提示测试人员，测试人员记录该时间。当听到测试人员开始表象的提示后，被试运动员需要进行 3 次表象射箭活动，每次表象射箭活动的时长为 2 min，共 6 min。在表象过程中，运动员需要在头脑中完成整套的射箭技术动作，在听到下一个提示语前，需要一直重复这一过程，如果听到提示语时完整的技术动作表象没结束，被试运动员要完成技术动作表象。当所有测试完成后，被试运动员向测试人员报告有延长表象的情况，同时要报告整个表象过程的清晰程度。在测试中，被试运动员如果出现手麻或头晕等不适感且不能忍受，可随时举手报告，测试人员须停止测试并记录下停止的时间。

（三）脑波诱导训练与脑电评估过程

在 2015 年夏训封闭期间，研究人员对国家射箭队运动员进行了 30 d 的脑波诱导训练。训练时间段选择在每天训练结束后的 19：00—21：00。训练项目为双耳差拍诱导，训练时间为 20 min，综合放松度需要达到良好以上。被试运动员采用坐姿进行训练，佩戴耳机以获取脑波诱导训练仪输出的特制音频，该音频在双耳之间的频率差为 8~13 Hz。同时测试人员使用无线传感器对训练过程中被试运动员的呼吸频率、心率等进行采集，计算后得出综合放松度，依据即时综合放松度随时调整输出音频以获得最佳的训练效果。在脑波诱导训练开始前、脑波诱导训练第 10 d、脑波诱导训练第 20 d，以及脑波诱导训练第 30 d，分 4 次对运动员综合放松度指标、脑电复杂度以及全脑中枢神经递质参数进行提取，脑电测试过程与前述内容相同。测试人员经过与教练员讨论，分析被试运动员大脑机能各项参数的变化特点。

四、数理统计法

运用 SPSS 统计软件以及 Excel 软件对所得到的数据进行数理统计。

第二章

射箭训练负荷状态的划分

本文中的脑电测试在国家射箭队运动员 3 种负荷状态下进行：①LL-LLI 负荷状态（低负荷量+低负荷强度训练），这一阶段的训练以普通技术及身体训练为主，每天实射箭支≤200 次，且不进行记分实射，以体会技术动作与恢复专项力量为主；②HL-LLI 负荷状态（高负荷量+低负荷强度训练），这一阶段的训练以技术训练为主，每天实射箭支≥500 次，技术训练有一定的成绩要求，进行记分实射，这一阶段主要以大量的实射来对运动员的整体技术进行精细化训练；③LL-HLI 负荷状态（低负荷量+高负荷强度训练），这一阶段的训练以连续的队内选拔赛为主，每天实射箭支≤200 次，但运动员处于高压力状态，且实射成绩直接关系到其能否进入国家队，因此这一阶段的负荷强度也随之达到一个峰值（表 2-1）。

表 2-1　国家射箭队运动员 3 种训练负荷组合状态一览表

负荷状态	训练方式	负荷量	负荷强度
LL-LLI	以近靶撒放、整理动作、无记分70 米实射为主	≤200 支箭/d	低
HL-LLI	以比赛距离下有靶纸实射为主，定期记分，强调巩固动作	≥500 支箭/d	低
LL-HLI	以针对性较强的记分射、模拟比赛、选拔考核为主，强调环值成绩	≤200 支箭/d	高

第三章

研究结果

第一节　国家射箭队运动员在不同负荷状态下
中枢神经系统机能的测试结果

本研究对国家射箭队运动员在不同负荷状态下常规脑电指标，以及全脑中枢神经递质、脑电复杂度等测试数据进行整理，并对 3 种负荷状态下的测试数据进行对比分析，最终得到运动员在不同负荷状态下中枢神经系统机能各指标的对比结果。

一、国家射箭队运动员在不同负荷状态下常规脑电指标的测试结果

表 3-1 显示，与 LL-LLI 负荷状态相比，在 HL-LLI 负荷状态下运动员 P3、P4、O1、O2 脑区（各脑区的英文代码和中文名称见附录）的 α 频段功率值显著降低。

表 3-1 在 LL-LLI 与 HL-LLI 负荷状态下运动员各脑区的 α 频段功率值

单位：$\mu V^2/Hz$

脑区	LL-LLI	HL-LLI
Fp1	40.12±23.16	41.42±26.72
Fp2	41.17±24.34	42.61±22.65
F3	43.31±28.12	45.67±24.16
F4	42.45±29.22	41.58±25.42
C3	50.74±27.03	49.65±28.72
C4	52.61±31.41	53.26±27.73
F7	55.43±20.53	56.15±18.67
F8	56.12±21.41	55.36±20.63
T3	60.33±26.73	64.91±27.21
T4	62.72±27.44	65.11±28.71
T5	70.46±29.71	76.45±28.37
T6	72.15±30.54	75.14±30.23
P3	88.32±51.71	56.45±28.68*
P4	84.22±46.22	55.16±30.65*
O1	162.77±89.88	117.78±91.32*
O2	168.46±96.11	115.27±93.44*

注：*表示与在 LL-LLI 负荷状态下的数据比较，具有显著性差异，$P<0.05$。

表 3-2 显示，与 LL-LLI 负荷状态相比，在 LL-HLI 负荷状态下运动员的 α 频段功率值没有显著变化。

表 3-2　在 LL-LLI 与 LL-HLI 负荷状态下运动员各脑区的 α 频段功率值

单位：$\mu V^2/Hz$

脑区	LL-LLI	LL-HLI
Fp1	40.12±23.16	42.11±30.35
Fp2	41.17±24.34	43.82±28.47
F3	43.31±28.12	44.75±26.32
F4	42.45±29.22	42.99±27.36
C3	50.74±27.03	55.32±26.82
C4	52.61±31.41	54.41±29.72
F7	55.43±20.53	58.49±24.65
F8	56.12±21.41	57.41±23.72
T3	60.33±26.73	65.33±29.23
T4	62.72±27.44	66.13±31.02
T5	70.46±29.71	75.34±29.15
T6	72.15±30.54	76.41±31.32
P3	88.32±51.71	86.41±52.39
P4	84.22±46.22	85.66±47.51
O1	162.77±89.88	162.29±88.43
O2	168.46±96.11	166.38±91.91

表 3-3 显示，与 LL-LLI 负荷状态相比，在 HL-LLI 负荷状态下运动员的 β 频段功率值没有显著变化。

表 3-3 在 LL-LLI 与 HL-LLI 负荷状态下运动员各脑区的 β 频段功率值

单位：$\mu V^2/Hz$

脑区	LL-LLI	HL-LLI
Fp1	20.32±11.56	24.12±12.82
Fp2	21.19±10.44	23.41±12.74
F3	23.37±11.42	25.97±12.36
F4	22.15±11.02	21.51±10.82
C3	19.47±10.83	21.45±9.97
C4	18.16±10.04	20.16±10.13
F7	14.47±7.53	16.45±8.47
F8	15.16±7.42	15.16±7.77
T3	18.47±8.73	16.45±8.27
T4	16.16±8.44	15.16±7.73
T5	10.47±6.73	10.45±6.17
T6	12.16±6.41	11.16±5.73
P3	19.36±10.70	19.86±9.09
P4	15.21±7.29	16.95±9.63
O1	16.98±9.88	16.78±9.34
O2	15.66±8.31	15.57±8.21

表 3-4 显示，与 LL-LLI 负荷状态相比，在 LL-HLI 负荷状态下运动员 F3、F4 脑区的 β 频段功率值显著升高。

表 3-4　在 LL-LLI 与 LL-HLI 负荷状态下运动员各脑区的 β 频段功率值

单位：$\mu V^2/Hz$

脑区	LL-LLI	LL-HLI
Fp1	20.32±11.56	22.51±10.95
Fp2	21.19±10.44	24.52±11.77
F3	23.37±11.42	40.85±21.42*
F4	22.15±11.02	42.29±22.37*
C3	19.47±10.83	20.39±9.85
C4	18.16±10.04	19.43±10.22
F7	14.47±7.53	15.39±7.45
F8	15.16±7.42	16.43±8.42
T3	18.47±8.73	15.39±7.45
T4	16.16±8.44	16.43±8.28
T5	10.47±6.73	11.39±5.55
T6	12.16±6.41	12.43±6.02
P3	19.36±10.70	19.81±9.58
P4	15.21±7.29	17.67±7.99
O1	16.98±9.88	16.21±9.28
O2	15.66±8.31	15.34±8.97

注：*表示与在 LL-LLI 负荷状态下的数据比较，具有显著性差异，$P<0.05$。

二、国家射箭队运动员在不同负荷状态下全脑中枢神经递质的测试结果

表 3-5 显示，与 LL-LLI 负荷状态相比，在 LL-HLI 负荷状态下运动员的 5-羟色胺、多巴胺两种全脑中枢神经递质相对值出现显著变化。

表 3-5 在 LL-LLI 与 LL-HLI 负荷状态下运动员全脑中枢神经递质相对值

中枢神经递质	LL-LLI	LL-HLI
抑制介质	12.36±6.73	10.11±5.21
5-羟色胺	-3.96±5.43	6.17±3.27*
乙酰胆碱	11.36±9.02	10.46±6.61
多巴胺	10.74±5.23	1.63±2.11*
去甲肾上腺素	-2.28±4.34	-3.52±5.64
兴奋介质	6.43±3.89	5.78±3.37

注：*表示与在 LL-LLI 负荷状态下的数据比较，具有显著性差异，$P<0.05$。

表 3-6 显示，与 LL-LLI 负荷状态相比，在 HL-LLI 负荷状态下运动员的 5-羟色胺、多巴胺两种全脑中枢神经递质相对值也出现了显著变化。

表 3-6 在 LL-LLI 与 HL-LLI 负荷状态下运动员全脑中枢神经递质相对值

中枢神经递质	LL-LLI	HL-LLI
抑制介质	12.36±6.73	11.47±7.61
5-羟色胺	-3.96±5.43	7.96±4.29*
乙酰胆碱	11.36±9.02	14.53±9.66
多巴胺	10.74±5.23	19.39±7.21*
去甲肾上腺素	-2.28±4.34	-2.52±4.14
兴奋介质	6.43±3.89	5.78±3.41

注：*表示与在 LL-LLI 负荷状态下的数据比较，具有显著性差异，$P<0.05$。

图 3-1 显示，在 LL-LLI 负荷状态下，运动员与普通人 6 种全脑

中枢神经递质分布均符合"双飞燕型"特点，且两组被试者之间没有显著性差异。

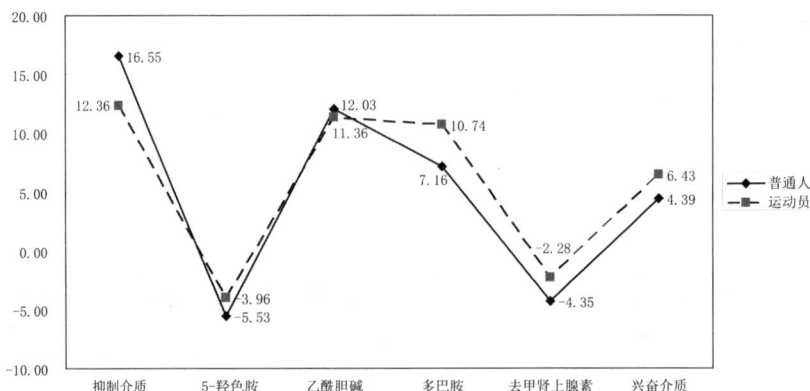

图 3-1 在 LL-LLI 负荷状态下运动员与普通人 6 种全脑中枢神经递质分布

三、国家射箭队运动员在不同负荷状态下脑电复杂度的测试结果

表 3-7 显示，与 LL-LLI 负荷状态相比，在 LL-HLI 负荷状态下运动员的脑电复杂度显著降低。

表 3-7 在 LL-LLI 与 LL-HLI 负荷状态下运动员的脑电复杂度

脑电复杂度	LL-LLI	LL-HLI
Lempel-Ziv 复杂度	13.45±6.73	6.25±3.61*

注：*表示与在 LL-LLI 负荷状态下的数据比较，具有显著性差异，$P<0.05$。

表 3-8 显示，与 LL-LLI 负荷状态相比，在 HL-LLI 负荷状态下运动员的脑电复杂度也出现了显著降低。

表3-8　在 LL-LLI 与 HL-LLI 负荷状态下运动员的脑电复杂度

脑电复杂度	LL-LLI	HL-LLI
Lempel-Ziv 复杂度	13.45±6.73	5.77±2.61*

注：*表示与在 LL-LLI 负荷状态下的数据比较，具有显著性差异，$P<0.05$。

表3-9 显示，与 HL-LLI 负荷状态相比，在 LL-HLI 负荷状态下运动员的脑电复杂度没有显著性差异。

表3-9　在 HL-LLI 与 LL-HLI 负荷状态下运动员的脑电复杂度

脑电复杂度	HL-LLI	LL-HLI
Lempel-Ziv 复杂度	5.77±2.61	6.25±3.61

图3-2 显示，在 LL-LLI 负荷状态下运动员没有出现中枢疲劳现象，而无论是在 HL-LLI 负荷状态下，还是在 LL-HLI 负荷状态下，均有运动员出现中枢疲劳现象，并且在这两个负荷状态下出现中枢疲劳现象的运动员人数呈上升趋势。

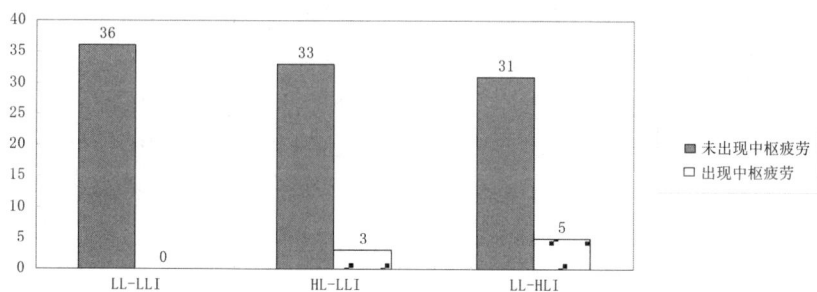

图3-2　在3种负荷状态下运动员出现中枢疲劳与未出现中枢疲劳的人数

第二节　国家射箭队运动员参加重大比赛前
中枢神经系统机能的测试结果

本研究整理了国家射箭队参加 6 场重大比赛的运动员赛前 30 天的脑电测试数据，运用 SPSS 14.0 统计软件将被试运动员的脑电复杂度与中枢神经递质水平进行日常训练阶段与赛前阶段的对比分析，最终得到赛前不同阶段之间、参加不同类型比赛之间运动员中枢神经系统机能参数的对比结果。

一、国家射箭队运动员参加重大比赛前脑电复杂度的测试结果

表 3-10 显示，大赛前 30 天运动员顶枕区的脑电复杂度并没有显著变化，但在赛前脑电测试中运动员的脑电复杂度呈下降趋势。

表 3-10　运动员参加大赛前 30 天的脑电复杂度变化

脑区	赛前 30 天	赛前 20 天	赛前 10 天
P3	0.688±0.092	0.668±0.098	0.668±0.099
P4	0.671±0.088	0.667±0.081	0.671±0.085
O1	0.813±0.090	0.794±0.092	0.784±0.089
O2	0.786±0.101	0.769±0.103	0.766±0.096

表 3-11 显示，运动员参加世锦赛与奥运会前 30 天的脑电复杂度，均显著低于参加亚运会前 30 天的脑电复杂度（$P<0.05$）。运动

员参加奥运会前 30 天的脑电复杂度与参加世锦赛前 30 天的脑电复杂度相比较，则没有显著性差异。

表 3-11　运动员参加 3 类大赛前 30 天的脑电复杂度

脑区	奥运会前 30 天	亚运会前 30 天	世锦赛前 30 天
P3	0.691±0.091	0.733±0.099	0.641±0.085*
P4	0.681±0.086	0.721±0.098	0.611±0.079*
O1	0.849±0.091	0.930±0.101	0.661±0.079*
O2	0.731±0.101	0.951±0.106	0.677±0.096*

注：*表示与亚运会赛前 30 天的数据比较，具有显著性差异，$P<0.05$。

表 3-12 显示，运动员参加奥运会、亚运会、世锦赛 3 类大赛前 10 天的脑电复杂度之间并没有显著性差异。

表 3-12　运动员参加 3 类大赛前 10 天的脑电复杂度

脑区	奥运会前 10 天	亚运会前 10 天	世锦赛前 10 天
P3	0.671±0.098	0.685±0.109	0.649±0.089
P4	0.688±0.088	0.681±0.087	0.645±0.079
O1	0.791±0.085	0.821±0.105	0.741±0.076
O2	0.756±0.086	0.821±0.101	0.721±0.101

二、国家射箭队运动员参加重大比赛前的全脑中枢神经递质的测试结果

表 3-13 显示，运动员全脑乙酰胆碱、多巴胺的相对值在赛前 30

天内呈持续上升趋势，且赛前 30 天的相对值显著低于赛前 10 天的相对值。5-羟色胺相对值在赛前 30 天内虽呈下降趋势，但并没有显著性意义。

表 3-13　运动员参加大赛前 30 天的全脑中枢神经递质相对值变化

中枢神经递质	赛前 30 天	赛前 20 天	赛前 10 天
抑制介质	3.61±14.58	5.42±13.14	5.51±12.03
5-羟色胺	−19.05±17.53	−22.45±21.54	−27.72±19.52
乙酰胆碱	11.54±10.32	18.28±13.03	26.12±18.54*
多巴胺	13.74±10.56	20.14±16.97	36.12±24.57*
去甲肾上腺素	−12.16±10.19	−14.13±12.29	−16.49±13.28
兴奋介质	11.38±12.03	17.58±14.62	18.13±16.21

注：*表示与赛前 30 天的数据比较，具有显著性差异，$P<0.05$。

表 3-14 显示，运动员参加世锦赛前 30 天的全脑多巴胺相对值显著低于参加亚运会前 30 天的相对值；运动员参加 3 类大赛前 30 天，其他 5 种全脑中枢神经递质相对值无显著性差异。

表 3-14　运动员参加 3 类大赛前 30 天的全脑中枢神经递质相对值

中枢神经递质	奥运会前 30 天	亚运会前 30 天	世锦赛前 30 天
抑制介质	3.17±14.19	3.14±14.06	4.51±15.48
5-羟色胺	−17.85±17.69	−22.39±17.98	−16.9±16.91
乙酰胆碱	11.09±10.05	14.39±10.15	9.14±10.76
多巴胺	12.61±10.41	19.51±12.16	9.11±9.11*
去甲肾上腺素	−12.36±9.51	−9.21±9.21	−14.9±11.86
兴奋介质	14.54±14.81	10.81±12.11	8.81±9.18

注：*表示与亚运会赛前 30 天的数据比较，具有显著性差异，$P<0.05$。

表 3-15 显示，在参加 3 类大赛前 10 天，运动员在参加世锦赛前全脑 5-羟色胺相对值显著高于参加其他两类大赛前的数值，且多巴胺相对值显著低于参加其他两类大赛前的数值。运动员其他 4 种全脑中枢神经递质相对值在 3 类大赛前 10 天则无显著性差异。

表 3-15　运动员参加 3 类大赛前 10 天的全脑中枢神经递质相对值

中枢神经递质	奥运会前 10 天	亚运会前 10 天	世锦赛前 10 天
抑制介质	5.47±15.48	6.64±14.06	4.42±14.19
5-羟色胺	-40.91±17.68	-49.83±19.91	7.59±20.98 * △
乙酰胆碱	27.14±18.51	23.09±17.01	28.14±20.11
多巴胺	45.41±29.88	49.45±28.94	13.51±14.89 * △
去甲肾上腺素	-17.21±12.86	-12.36±10.56	-19.9±16.41
兴奋介质	18.76±16.18	21.18±19.13	14.44±13.31

注：＊表示与亚运会赛前 10 天的数据比较，具有显著性差异，$P<0.05$；△表示与奥运会赛前 10 天的数据比较，具有显著性差异，$P<0.05$。

第三节　国家射箭队团体比赛中不同发射位置运动员的全脑中枢神经递质的测试结果

表 3-16 显示了国家射箭队团体比赛中不同发射位置运动员的全脑中枢神经递质相对值，可见首箭位置、二箭位置及末箭位置的运动员的 3 种中枢神经递质——5-羟色胺、乙酰胆碱、多巴胺的相对值之间存在显著性差异。

表3-16　团体比赛中不同发射位置运动员的全脑中枢神经递质相对值

中枢神经递质	首箭位置	二箭位置	末箭位置
抑制介质	15.59±13.31	14.23±11.53	16.47±14.12
5-羟色胺	5.89±4.13	−6.41±4.92*	−7.52±5.24*
乙酰胆碱	16.37±8.39	15.58±7.95	34.88±13.17*△
多巴胺	14.56±9.57△	31.69±12.68*	18.22±9.29△
去甲肾上腺素	−9.21±6.11	−7.29±5.34	−12.37±7.83
兴奋介质	3.45±4.63	2.65±3.74	4.81±5.93

注：*表示与首箭位置运动员的数据比较，具有显著性差异，$P<0.05$；△表示与二箭位置运动员的数据比较，具有显著性差异，$P<0.05$。

第四节　国家射箭队运动员在脑波诱导训练各阶段的中枢神经系统机能的测试结果

表3-17和表3-18显示了国家射箭队运动员在脑波诱导训练各阶段的脑电复杂度和全脑中枢神经递质相对值的变化。运动员在4次测试中的脑电复杂度呈逐渐上升趋势，经过30天的脑波诱导训练，这些运动员的脑电复杂度显著高于脑波诱导训练开始前。运动员的其他测试指标也有不同程度的变化，部分变化具有显著性差异。

表3-17　国家射箭队运动员在脑波诱导训练各阶段脑电复杂度的变化

测试指标	脑波诱导训练开始前	脑波诱导训练第10天	脑波诱导训练第20天	脑波诱导训练第30天
脑电复杂度	0.586±0.098	0.627±0.104	0.749±0.118	0.912±0.107*

注：*表示与脑波诱导训练开始前的数据比较，具有显著性差异，$P<0.05$。

表3-18 国家射箭队运动员在脑波诱导训练各阶段的全脑中枢神经递质相对值的变化

中枢神经递质	脑波诱导训练 开始前	脑波诱导训练 第10天	脑波诱导训练 第20天	脑波诱导训练 第30天
抑制介质	5.21±3.33	7.66±4.51	6.82±2.98	8.19±4.11
5-羟色胺	−12.65±5.16	−9.74±3.57	−13.27±4.29	−10.44±3.12
乙酰胆碱	11.02±3.81	14.67±4.29	21.73±5.75*	25.25±5.83*
多巴胺	14.55±3.49	11.39±3.08	16.47±4.57	14.39±4.17
去甲肾上腺素	−16.03±4.29	−12.94±4.41	−7.71±3.01*	−1.02±3.88*
兴奋介质	12.54±4.08	10.61±3.81	9.74±3.13	11.28±3.92

注：＊表示与脑波诱导训练开始前的数据比较，具有显著性差异，$P<0.05$。

第四章

讨论与分析

第一节　国家射箭队运动员在 3 种负荷状态下的中枢神经递质参数与脑电复杂度的变化特点

国家射箭队在整个冬训过程中的训练负荷计划是在"三从一大"科学训练的指导思想下制订的。冬训的 3 种负荷状态的训练要求和内容有明显的不同。

在 LL-LLI 负荷状态下，训练内容相对单一，这是由于运动员经过一个赛季的训练与比赛后需要恢复和调整，而在恢复期结束后，进入冬训阶段需要一个适应和重新储备的过程。因此，国家射箭队教练组对冬训前期的训练安排以低负荷量与低负荷强度的内容为主。在这一阶段，运动员每周的训练计划中没有负荷较大的专项技术训练，而是以近距离撒放训练、无靶纸 70 m 实射训练等普通技术训练为主，每日的负荷量即运动员实际开弓次数也不多，基本维持在实射箭支≤200支。这样的训练计划的目的主要是使运动员体会技术动作。同时在每周的训练计划中，该负荷状态的体能训练的比例是3种负荷状态中最大的，这一方面是为了恢复运动员的专项力量，另一方面是为了让运动员有良好的体能储备。

HL-LLI负荷状态的训练安排与之前的LL-LLI负荷状态有明显的不同，一方面运动负荷量有显著的提升，另一方面负荷强度也有所提升。这一阶段的专项技术训练目标以强化技术感觉为主，需要大量的实射箭支来加强运动员对技术精细化的感受。因此运动员每天实射箭支普遍≥500支（≤800支）。这个阶段对技术训练的成绩要求也比前一阶段高，专项技术训练中开始有记分实射，运动员承受的负荷强度开始上升。这样的组合方式符合射箭项目的训练特点，射箭项目对运动员撒放技术的要求是非常高的，需要运动员在很短的时间内完成箭支的准确发射。运动员需要通过大量实射箭支和一定的记分实射来达到快速、准确、稳定的撒放技术动作的自动化。

在每次冬训主要阶段结束后，国家射箭队会进行新一届国家射箭队的组队选拔工作，而在LL-HLI负荷状态下的主要训练则是以备战选拔赛为目标的专项技术训练。在这一阶段，虽然运动员每天的实射箭支数并不多，基本上维持≤200支，属于低负荷量训练，但训练方式与前两个阶段有明显的差异，记分实射的次数明显增加，并且训练中还安排了多次队内考核。在选拔赛期间，运动员的成绩直接关系到其能否进入新一届国家射箭队，因此运动员所承受的训练负荷要显著高于前两个阶段，运动员每天的训练与选拔会使其始终处于一种高压力状态，负荷强度达到了整个冬训过程的峰值。

一、国家射箭队运动员在不同训练负荷状态下常规脑电指标的变化规律

随着计算机技术和传感技术的发展，运动训练监控手段日新月异。尤其是运动员中枢神经系统机能方面的监测手段已从早期的问卷量表测试发展到如今的电生理与核磁共振测试①。其中，由于核磁共振测试的费用高昂，设备庞大，不易在运动队推广使用。因此，优秀运动员中枢神经系统机能的测试方法，多年来一直是常规脑电图测试。常规脑电图测试的结果相较问卷量表的结果，在客观性上有很大的提升，因而在日常的训练监测和科学研究中得到了广泛应用②③④。

以往研究中的脑电图测试指标以 α 频段、β 频段的相关参数为主。本研究也对这两项常规脑电指标进行了比较。结果显示，第一，在 3 种负荷状态下运动员额区至枕区的 α 频段功率值呈现由低到高的趋势，而 β 频段功率值并未出现异常增高的现象，这些都符合常规脑电图测试中正常脑电图的诊断标准，由此可判断本研究中被试者的脑电图不存在病理性脑电图。第二，在 HL-LLI 负荷状态下顶枕

---

① 姚家新，张力为，李京诚，等．运动心理学研究进展［J］．天津体育学院学报，2008（1）：1-10.

② 何洋，王霆，石岩．优秀射箭运动员大赛前脑机能特点的研究［J］．中国体育科技，2009，45（1）：83-87.

③ 王丽岩，李安民，王洪彪．乒乓球运动员动作识别时的脑电相干性分析［J］．体育科学，2013，33（5）：31-40.

④ 郑樊慧，张忠秋．飞碟多向运动员比赛前后脑电绝对功率值的比较［J］．上海体育学院学报，2007（5）：45-50.

区的 α 频段功率值呈显著下降趋势，α 频段功率值降低往往意味着神经元放电的强度降低，兴奋性下降，这在何洋等[①]的研究中也曾有过类似的记录。也就是说，在射箭训练中，代表负荷量的实射箭支数的增加并不能提高运动员中枢神经系统的兴奋性，反而降低了其兴奋性。这就带来了一个提示，在射箭项目的训练中，并不是负荷量越大，产生的效益越大，教练员应在合理的区间内设置波动式的负荷量。第三，在 LL-HLI 负荷状态下，运动员顶枕区的 α 频段功率值与在 LL-LLI 负荷状态下的数值相比没有显著性差异，而额区的 β 频段功率值却有显著性差异。在脑电图研究中，β 频段功率值主要反映神经元快速放电的强度，神经元快速放电的强度增加会导致能量消耗加大，中枢神经系统虽然提高了兴奋性，但更容易出现疲劳[②]。因此，这在一定程度上可以解释为何运动员会在这一阶段出现中枢疲劳的征兆。

二、国家射箭队运动员在不同训练负荷状态下中枢神经递质的变化规律

项群理论将射箭项目归类于技心能主导类项目[③]，射箭训练强调"快速、稳定、准确、一致、流畅"，在实际的训练与竞赛过程中也

① 何洋，王霆，石岩. 我国优秀射箭运动员冬训期间脑机能变化的研究［J］. 中国体育科技，2008，44（4）：100-104.

② 大熊辉雄. 临床脑电图学：第5版［M］. 周锦华，译. 北京：清华大学出版社，2005.

③ 陈亮，田麦久. 多维度项群视野下的中国夏季奥运项目成绩结构与发展演变［J］. 中国体育科技，2011，47（3）：3-11.

更多地依赖于心理因素。以往很多对射箭过程心理状态的研究采用的方法是以主观评定为主的量表、问卷测量①②。脑电图的介入使得研究人员能够更加客观、直接地评价运动员的心理状态。在脑电图的基础上发展而来的脑电超慢涨落技术，是对振频在 1～255 mHz 的超慢波涨落进行分析，根据特定的涨落频率对应某种化学神经递质的原理，检测出反映脑内神经活动状态的 6 种中枢神经递质。这 6 种中枢神经递质分别为抑制介质、5-羟色胺、乙酰胆碱、多巴胺、去甲肾上腺素、兴奋介质。以往的研究发现，脑电超慢涨落参数及中枢神经递质会随着运动员脑机能状态的变化而变化③④⑤。本研究针对 3 种负荷状态进行了脑电超慢涨落分析。结果显示，在 LL-LLI 负荷状态下运动员 6 种神经递质水平呈"双飞燕型"分布（图 3-1），与普通人的并无差异。

表 3-6 显示，在 HL-LLI 负荷状态下，一方面，运动员脑内 5-羟色胺水平显著升高，这与以往的研究相吻合。曾有国外学者发现，运动员经过超长距离低强度游泳或跑台运动后，脑内 5-羟色胺浓度显著升高。贝利等进一步发现脑内 5-羟色胺浓度的升高可以使机体

① 石岩，郭显德. 优秀女子射箭运动员 10 年训练中人格变化与训练策略 [J]. 成都体育学院学报，2004（6）：69-71.

② 周家骥，陈丹萍. 射箭运动员不同训练、竞赛情境下的心理焦虑 [J]. 上海师范大学学报（自然科学版），2006（6）：104-107.

③ 王琳. 优秀蹦床运动员脑电超慢涨落参数特征的研究 [J]. 成都体育学院学报，2012（8）：49-52.

④ 周北云，李捷，罗智. 脑电活动类型对优秀举重运动员选材评估的价值 [J]. 中国临床康复，2005（36）：102-105.

⑤ 周未艾，陈海涛，何文革，等. 中国优秀射击运动员超慢脑电涨落图分析 [J]. 中国运动医学杂志，2010，29（2）：197-202.

出现倦怠、无力、睡眠质量下降等现象，大脑皮层出现抑制，据此他认为脑内过量的 5-羟色胺有可能引起人体中枢神经系统的疲劳①②③。这可以从另一个角度解释，为何运动员在 HL-LLI 负荷状态下容易出现中枢疲劳的征兆。另一方面，在这一负荷状态下，运动员脑内多巴胺水平则较 LL-LLI 负荷状态有所下降。在本研究中，一些运动员曾报告，HL-LLI 负荷状态的训练通常会使其产生倦怠和情绪低落等消极现象。多巴胺作为一种神经递质，能够影响人的精神、情绪等方面④。目前一种观点认为，中脑-大脑皮质、中脑-边缘叶的多巴胺能够积极参与精神和情绪活动。因此，脑内多巴胺水平的降低可能是导致这一消极现象的原因之一。

表 3-5 显示，运动员在 LL-HLI 负荷状态下，其脑内多巴胺、5-羟色胺水平均比在 LL-LLI 负荷状态下有显著提高。这表明，一方面，负荷强度的增加使得运动员脑内 5-羟色胺水平升高，出现了中枢疲劳的征兆；另一方面，在 LL-HLI 负荷状态下，各种高负荷强度的测验记分训练和选拔赛交替进行，负荷刺激呈现高低反复的趋势，运动员期望取得优异成绩的积极情绪在进一步增强，其脑内多巴胺

① BAILEY S P, DAVIS J M, AHLBORN E N. Neuroendocrine and substrate responses to altered brain 5-HT activity during prolonged exercise to fatigue [J]. Journal of applied physiology, 1993, 74 (6): 3006-3012.

② BLOMSTRAND E. Amino acids and central fatigue [J]. Amino acids, 2001, 20 (1): 25-34.

③ WEICKER H, STRÜDER H K. Influence of exercise on serotonergic neuromodulation in the brain [J]. Amino acids, 2001, 20 (1): 35-47.

④ ASHBY F G, ISEN A M, TURKEN A U. A neuropsychological theory of positive affect and its influence on cognition [J]. Psychological review, 1999, 106 (3): 529-550.

水平相应升高，运动员的训练意愿和比赛欲望远远高于 LL-LLI、HL-LLI 两种负荷状态。

三、国家射箭队运动员在不同训练负荷状态下脑电复杂度的变化规律

在以往的研究中，对人体中枢疲劳状态的诊断主要依据对其脑电信号频域指标的分析[①]。当伦佩尔和齐夫[②]在 1976 年首次提出 Lempel-Ziv 复杂度算法后，该算法很快被运用于对人体脑电信号的处理中。脑电复杂度主要反映这段脑电信号序列的信息量的多少。王霆等[③]的研究显示，Lempel-Ziv 复杂度可敏感地反映出运动员是否存在中枢疲劳。据此，本研究采用脑电复杂度来判识运动员在不同负荷状态下是否存在中枢疲劳。从测试数据来看，无论是在 HL-LLI 负荷状态下，还是在 LL-HLI 负荷状态下，运动员的脑电复杂度均呈现下降趋势。虽然两种负荷状态之间的差异并不显著，但均显著低于 LL-LLI 负荷状态。这表明不同的负荷状态对脑电复杂度均有影响，再次证明了对于高负荷的射箭训练来说，Lempel-Ziv 复杂度是一个可以对训练效果进行评估的敏感性指标。研究小组利用王霆等[④]

---

① 季忠，秦树人. 时频测试方法在脑电信号分析中的应用［J］. 重庆大学学报（自然科学版），2003（11）：1-5.

② LEMPEL A, ZIV J. On the complexity of finite sequences［J］. IEEE transactions on information theory, 1976, 22（1）：75-81.

③ 王霆，王德堃，邓兴国. 脑电非线性动力学分析在优秀射箭运动员中枢疲劳研究中的应用［J］. 体育科学，2010（2）：64-69.

④ 王霆，王德堃，邓兴国. 脑电非线性动力学分析在优秀射箭运动员中枢疲劳研究中的应用［J］. 体育科学，2010（2）：64-69.

对运动员中枢疲劳的评估方法进行了实验。结果显示，无论是在 HL-LLI 负荷状态下，还是在 LL-HLI 负荷状态下，均有运动员出现中枢疲劳，并且在两个负荷状态中出现中枢疲劳的运动员数量呈上升趋势。这一方面可能是疲劳消除手段的不完善以及运动员个人作息习惯等特点导致的，另一方面可能是高强度的训练负荷及多箭支的负荷量导致的。这提示我们应该在强调运动训练科学性的同时，更加重视训练后的恢复，科学训练与科学恢复是一个有机的整体，不可割裂。

第二节　国家射箭队运动员在重大比赛前的脑电复杂度与中枢神经递质参数的变化特点

以往的研究表明，脑电复杂度和脑电超慢涨落技术在评估多个项目运动员中枢神经系统机能方面，已经从理论研究发展到应用研究①②③，研究的领域涵盖了除病理学外的很多方面，包括被试运动员在不同认知状态下的脑电复杂度及全脑中枢神经递质的分布特征，在不同负荷状态下的脑电复杂度及全脑中枢神经递质的分布特征，以及脑电复杂度在运动员中枢疲劳评估方面的应用等。本研究首次

---

① 王霆，李建英，石岩，等. 优秀射箭运动员倒立训练后脑电非线性参数及脑功能变化特征的研究［J］. 体育科学，2014（2）：48-53.

② 王霆，李建英. 优秀气手枪运动员负荷状态下特定脑区脑电复杂度变化特征的研究［J］. 天津体育学院学报，2014，29（5）：389-393.

③ PINCUS S. Approximate entropy（ApEn）as a complexity measure［J］. Chaos, 1995, 5（1）：110-117.

利用 Lempel-Ziv 复杂度与脑电超慢涨落技术对 3 类大赛备战过程中射箭运动员中枢神经系统机能变化的特点进行分析与评估。

一、国家射箭队运动员在参加 3 类大赛前 30 天脑电复杂度的纵向变化特点

赛前 30 天是运动员大赛前备战的一个非常重要的阶段。在这一阶段，运动员需要合理调控才能在大赛中保持良好的竞技状态。本研究对自 2008 年参加大赛的被试运动员在参赛前 30 天内的脑电复杂度进行了持续分析，在参加的 6 场大赛的赛前 30 天按照每 10 天一个测试周期，在每场大赛前共对参赛运动员进行 3 次脑电复杂度与全脑中枢神经递质参数的测试与分析。研究结果表明，参赛运动员在这 3 次脑电测试中顶枕区的脑电复杂度随着比赛的临近趋于下降，但这种下降的趋势并不具有显著性意义。以往的研究表明，运动员脑电信号的随机程度越高，说明该时间序列的脑电信号所包含的信息量越大，复杂性也就越高；反之，随机程度越低则表示其复杂性越低[①]。这一研究结果提示，随着比赛的临近，虽然训练计划中负荷量的降低以及负荷强度的增加会导致参赛运动员中枢神经系统机能有一定的变化，但这种变化幅度并不大。这说明这 30 天的训练负荷对参赛运动员中枢神经系统的刺激是稳定的，没有对其造成负面的影响，同时运动员在训练中也没有出现中枢神经系统机能显著下降的现象，这在随后的比赛中也得到了很好的印证。

---

① 王霆，王德堃，邓兴国. 脑电非线性动力学分析在优秀射箭运动员中枢疲劳研究中的应用 [J]. 体育科学，2010（2）：64-69.

二、国家射箭队运动员在参加 3 类大赛前脑电复杂度的横向变化特点

奥运会、亚运会及世锦赛是国家射箭队参加的重要的 3 类国际赛事。从重视的程度来说，奥运会是全国瞩目的大型综合性赛事，而亚运会的影响则相对较弱。作为一个单项赛事，奥运会前的世锦赛是关乎各国射箭队能否取得奥运会资格的最重要的一个赛事。本研究对这 3 类大赛前中国射箭队参赛运动员的脑电复杂度进行研究，目的主要是为这 3 类大赛前的备战有针对性地提供训练计划的调整建议。本研究分别分析了 2 场奥运会、2 场亚运会以及 2 场世锦赛赛前的运动员的脑电数据。分析结果显示，在赛前 30 天的测试中，参加亚运会的运动员脑电复杂度的平均值要远高于参加世锦赛与奥运会的运动员；而参加世锦赛和参加奥运会的运动员的相关指标则没有显著性差异。在赛前 10 天的测试中，参加奥运会、亚运会、世锦赛的运动员脑电复杂度的平均值之间并没有显著性差异。上述研究结果提示，在这 3 类大赛前参赛运动员中枢神经系统机能水平是有差异的，差异主要体现在赛前 30 天这一训练阶段，而到赛前 10 天时，3 类大赛的参赛运动员脑电复杂度之间的差异并不明显。这一方面说明，在 3 类大赛的赛前运动员训练的负荷量和负荷强度是有区别的；另一方面也说明，3 类大赛对参赛运动员的压力也不尽相同。国家射箭队亚运会的参赛准备与奥运会、世锦赛的参赛准备并不相同。在亚运会的备战过程中，对运动员成绩并没有明确的硬性要求，因此赛前 30 天内的训练计划更加灵活，运动员的中枢神经系统机能

水平并没有出现大幅波动。而在奥运会和世锦赛的备战过程中，由于对成绩有明确的硬性要求，如只有在世锦赛的团体淘汰赛中进入前8的队伍，才能获得奥运会的参赛席位，所以运动员在训练过程中的针对性更强，运动员的目标设置更加明确，压力也更大。因此，在赛前30天的测试中，参赛运动员中枢神经系统机能水平存在显著性差异。

三、国家射箭队运动员在参加3类大赛前30天中枢神经递质水平的纵向变化特点

以往对其他项目运动员中枢神经递质水平变化的研究发现，运动员的全脑中枢神经递质水平一方面与运动员中枢神经系统机能水平有关[1][2][3][4]，另一方面与运动员心理状态也有一定关系[5][6]。本研究结果显示，在参加的6场大赛前的各3次测试中，参赛运动员全脑乙酰胆碱、多巴胺的水平在赛前30天呈持续上升态势，且赛前10

[1]　王晓军，李稚．连续大强度比赛对女子曲棍球运动员脑内神经递质的影响[J]．广州体育学院学报，2011（5）：89-92.

[2]　郑樊慧，全志伟，张平法．不同训练期间移动靶运动员脑电超慢信号系统的变化特点[J]．体育科研，2010（6）：44-50.

[3]　徐辉，周未艾，高晓嶙，等．中国优秀女子橄榄球运动员大脑神经生物学特征分析[J]．中国运动医学杂志，2012（5）：443-447.

[4]　王晓军．短期强度负荷对射击运动员脑神经递质的影响[J]．体育科技，2008（3）：67-68.

[5]　王琳．优秀蹦床运动员脑电超慢涨落参数特征的研究[J]．成都体育学院学报，2012（8）：49-52.

[6]　周未艾，陈海涛，何文革，等．中国优秀射击运动员超慢脑电涨落图分析[J]．中国运动医学杂志，2010（2）：197-202.

天的测试值显著高于赛前 30 天的测试值，达到峰值水平。多巴胺是去甲肾上腺素的前体物质，是一种重要的神经递质，在中枢神经系统中多巴胺的浓度受机体精神因素的影响，也直接影响人们的情绪。在赛前训练阶段，训练负荷的变化对运动员的心理是能够产生一定的刺激作用的，这在很多研究中得到了证实。当运动员面对奥运会、亚运会及世锦赛等重大赛事的压力时，运动员的中枢神经系统机能水平会随着赛事的临近而发生一定的变化。本研究中的多数运动员是首次参加这 3 类大赛，大赛的压力对这些运动员的情绪也会产生一定的影响。实验结果显示，总体上，在赛前运动员随着时间的推移变得越来越兴奋。从最终的比赛结果来看，中国射箭队在所参加的 6 场大赛上均取得了历史性突破，这也说明了运动员在比赛过程中并不需要一味地冷静抑制。由于规则的变化，现代射箭比赛的对抗性越来越强，这就要求运动员在比赛中保持适度的兴奋。

四、国家射箭队运动员在参加 3 类大赛前中枢神经递质水平的横向变化特点

从本研究结果来看，参加不同类型大赛的赛前 30 天与赛前 10 天，运动员全脑中枢神经递质水平是有差异的。这种差异尤其表现在世锦赛与亚运会的赛前。在赛前 30 天的测试中，参加世锦赛的运动员的全脑多巴胺水平显著低于参加亚运会的运动员的。而在赛前 10 天的测试中，一方面，参加世锦赛的运动员的全脑多巴胺水平显著低于参加奥运会和亚运会的运动员；另一方面，参加世锦赛的运动员的全脑 5-羟色胺水平显著高于参加奥运会和亚运会的运动员。

5-羟色胺在大脑皮质及神经突触内的含量很高,是一种抑制性神经递质。研究结果说明,在赛前30天的测试中,参加世锦赛的运动员中枢神经系统的抑制程度显著高于参加亚运会的运动员,在研究团队所参加的6次大赛的赛前备战中,世锦赛赛前训练的负荷强度是最高的,压力也是最大的。因为面对着"一场定乾坤"的比赛成绩要求,国家射箭队只有在团体单场次淘汰赛1/8决赛中取得胜利,才能获得奥运会的参赛席位,所以必须做到零失误。这样的压力情境使得在赛前训练的整个过程中,运动员很容易受到负面情绪的影响。而亚运会和奥运会则不同,运动员在赛前渴望比赛、渴望竞争的情绪是正向的,并且由于参赛的目标设置更高,运动员的赛前训练以多场次的淘汰赛为导向要素,所以其训练的负荷强度较世锦赛赛前训练的负荷强度低,因而运动员不容易出现赛前中枢神经系统抑制的现象。

第三节　国家射箭队团体比赛中不同发射位置运动员全脑中枢神经递质的分布特点

在奥运会、亚运会等重大比赛中,中国射箭队在团体比赛中是具备一定夺金实力的,因此探究团体比赛运动员的训练负荷一直是本研究领域的重点。在射箭项目的团体比赛中,3名运动员要依次发射箭支,每局比赛每名运动员发射2支箭,发射6支箭后计算两队成绩,成绩高者获得2分,成绩低者为0分,成绩打平则两队各获得1分,先获得6分的队伍为胜利者。在团体比赛中,如何配置运动员历来是教练员在执教过程中重点考虑的问题。首箭位置、二箭位置与末箭位置具有不同的比赛特点。

一、首箭位置运动员全脑中枢神经递质的分布特点

在团体比赛中，第一名发射箭支的运动员被称为首箭位置运动员，其重要性在于，开局必须要命中黄心，才能为后续两名运动员奠定比较好的成绩基础。在比赛中，首箭位置运动员需要有良好的技术和稳定的心理，能够让每组的第一支箭射中黄心乃至 10 环。首箭命中对全队士气的提升效果是显著的，能够为后续运动员奠定良好的心理基础。

研究结果表明，首箭位置运动员 6 种全脑中枢神经递质的分布呈现与普通人相同的"双飞燕型"结构，其中脑内 5-羟色胺水平显著高于二箭位置运动员与末箭位置运动员。脑内 5-羟色胺水平一方面能够反映大脑皮质以下部位的调节水平，另一方面还可以平衡其他脑内神经递质的分布状态。当 5-羟色胺水平上升时，人体的焦虑与紧张程度也随之提高。通过测试结果可以看出，首箭位置运动员在团体淘汰赛考核的负荷刺激后，紧张程度要明显高于其他两个位置的运动员。在团体淘汰赛中，首箭位置运动员的发挥水平直接关系到整个团队的开局成绩。本研究提示，在团体比赛中，首箭位置运动员承受的环境刺激明显高于其他两个位置的运动员，其心理负荷强度也高于他们。因此，在日常训练中应注重首箭位置运动员的选拔，应选拔那些能够承受更大负荷刺激，并且在实战中每组箭的第一支能够射中黄心乃至 10 环的运动员，培养他们成为首箭位置运

动员；并且，应提升首箭位置运动员的心理承受能力及其对负荷的适应能力。

二、二箭位置运动员全脑中枢神经递质的分布特点

二箭位置在首箭位置与末箭位置之间，属于过渡阶段。这一位置的运动员所承受的压力与负荷相对较低，只有在首箭位置运动员出现失误时，该位置的运动员才会处于压力情境，而且即使他也出现失误还有末箭位置运动员可以弥补，因此其心理上不会受到首箭位置运动员和末箭位置运动员射出远箭时承受的叠加压力的影响。在本研究中，二箭位置运动员脑内多巴胺水平要显著高于其他两个位置的运动员。脑内多巴胺的主要功能是调节情绪反应以及调控运动状态，在调节情绪方面主要是使大脑产生愉悦感受，同时脑内多巴胺可以调控肌肉的应激状态，即适合运动还是紧张僵硬。在实战过程中，当首箭位置运动员出现失误时，二箭位置运动员如果能打出 10 环，就能起到稳定军心的作用。这提示在团队中首箭位置运动员的重要性毋庸置疑，但二箭位置运动员的重要性也应得到重视，其在团队中起到稳定器的作用。二箭位置运动员如想获得这种能力，需要经过长时间磨炼。在日常训练中，一方面要注意选拔那些技术发挥稳定、不易失误的运动员作为二箭位置运动员；另一方面要为二箭位置运动员多设置首箭失误的情境，用以激发二箭位置运动员置之死地而后生的潜能，使之能够在比赛逆境中承担更大的压力，不至于因首箭失利而导致连续远箭的出现。连续远箭的出现不仅会影响整个团队在本局比赛中的成绩，也会影响团队在下一局比赛中

的发挥。

三、末箭位置运动员全脑中枢神经递质的分布特点

在对国家射箭队末箭位置运动员的脑电超慢涨落测试结果进行分析后发现，该位置的运动员6种全脑中枢神经递质分布与前面两个位置运动员的相似，也呈现"双飞燕型"结构。与首箭位置运动员、二箭位置运动员相比，末箭位置运动员的乙酰胆碱水平有显著性差异，末箭位置运动员的乙酰胆碱水平显著高于前面两个位置运动员的乙酰胆碱水平。这表明末箭位置运动员的中枢神经系统兴奋性高于首箭位置运动员及二箭位置运动员。这是由于末箭位置运动员一般会面临两种情况，一种情况为队友发挥良好，只要自己没有失误，团队就能够获得胜利；另一种情况是两名队友发挥失常，需要自己完成反超任务。在第一种情况下，末箭位置运动员承受的心理压力并不明显，往往能够在一个稳定的情境下完成撒放动作，干扰因素产生的影响也不会太大。而在第二种情况下，末箭位置运动员担负着整个团队获胜的希望，运动员承受的心理压力大幅增加，末箭位置的决定性作用凸显。末箭位置一方面是在两局之间的过渡位置，另一方面在决胜局的重要性远大于二箭位置，在某种程度上可以说是全场比赛的制胜关键。这也提示了教练员应该选拔那些在排名赛训练中单组首箭和末箭的命中率极高的运动员成为末箭位置运动员，其心理稳定性也要过硬，在首箭位置运动员、二箭位置运动员连续失利的情况下能够稳定发挥，命中10环，这样才能够让整个团队与对手的差距不再拉大，以便在后续几局反败为胜。同时，

如果末箭位置运动员在关键箭支中做到不手软，对手就无法逆转比分，因此其与首箭位置运动员一样在整个团队中均起到核心作用。

第四节　脑波诱导训练对国家射箭队运动员中枢神经系统机能水平的影响

近年来，很多研究者开始采用脑波诱导技术有针对性地进行改善运动员中枢神经系统机能的实验。这是一种通过将频率为 10 Hz 的背景诱导波混合进脑波音乐中来诱发运动员 α 波的一种新型生物反馈训练的手段。其与传统的生物反馈训练手段的差别在于，脑波诱导技术使用的反馈信号并非人为制作的电子声音信号，而是接近于脑电波特定频率的音乐信号，因而这种背景诱导音乐携带着大量的生理信息。该技术在 2014 年亚运会前曾被国家射箭队小规模使用。本研究对国家射箭队全体运动员在 30 天内进行系统的脑波诱导训练，同时在训练的前、中、后分 4 次对运动员脑电复杂度、中枢神经递质参数等指标进行跟踪测试，最终评估这种心理训练对运动员中枢神经系统机能水平的影响效果。本研究实施的脑波诱导训练，是在国家射箭队教练组制订的专项训练计划的基础上，定期在队内实施的，因此能够系统地完成跟踪测试，这在国内尚属首次。

一、脑波诱导训练对国家射箭队运动员脑电复杂度的影响

以往的研究发现，如果使用一定频率的声音刺激大脑的听觉系统，能诱发大脑产生某种特定的回应活动，当刺激持续一定时间后，

大脑会出现相同频率的脑电波且这类脑电波会稳定持续地存在。双耳差拍的音频刺激也能够诱发大脑产生与诱发频率相同的脑电波，如当人耳接受的双耳差拍的音频频率相差 8~13 Hz 时，大脑就会相应被诱发出 α 波（8~13 Hz）。脑波诱导训练通过诱导大脑神经元放电趋于特定主频来改善植物神经的兴奋性，继而增强大脑对内外环境刺激的调节能力，使人体能够主动地与环境保持平衡和协调，改善大脑供血能力。脑电复杂度在评价运动员大脑功能以及中枢疲劳方面是较有效的指标之一。本研究对运动员在 30 天脑波诱导训练过程中的脑电复杂度进行分析，发现训练前后的测试值发生了显著改变。脑电复杂度与大脑的放松状态有很密切的关系，相比于放松状态，当大脑处于紧张状态时，脑电复杂度会显著降低，神经元放电会出现趋于同步的现象。在本研究中，运动员在 4 次测试中的脑电复杂度呈逐渐上升的趋势，在经过 30 天的脑波诱导训练后，运动员的脑电复杂度显著高于训练前。这说明运动员大脑的放松程度有了显著提高，运动员机体处于一种协调状态，有效地预防了中枢疲劳。

二、脑波诱导训练对国家射箭队运动员中枢神经递质水平的影响

从研究结果可以看出，在脑波诱导训练的过程中，运动员中枢神经递质乙酰胆碱和去甲肾上腺素始终呈现上升态势。尤其是在脑波诱导训练开始 20 天后，乙酰胆碱和去甲肾上腺素水平相较于训练前有显著变化，且这两种中枢神经递质的水平能够保持至 30 天的训练结束。乙酰胆碱是一种重要的神经递质，对大脑皮层主要起兴奋

作用，在维持觉醒、脑电激活、促进学习和记忆等方面起着重要的作用。去甲肾上腺素参与情绪等的调节，与机体的应激状态有关。以往的研究表明，乙酰胆碱和去甲肾上腺素两种中枢神经递质能够使运动员大脑神经活动处于兴奋状态与抑制状态的平衡区间。本研究表明，通过脑波诱导训练能够促进运动员脑内乙酰胆碱和去甲肾上腺素的释放。这有利于运动员大脑血管的舒张。大脑血流量的增加，一方面可以提高脑内中枢神经递质水平，另一方面可以促进中枢神经系统的物质代谢水平，使运动员的中枢神经系统机能得到改善，同时缓解紧张情绪和改善疲劳状态。在 30 天的脑波诱导训练中，运动员其他 4 种全脑中枢神经递质水平虽然也有变化，但其变化并不具有统计学意义。这提示了脑波诱导训练并不能够对中枢神经系统产生不可逆的影响，也表明这种训练是安全的。

第五章

小结

第一，在射箭项目训练中，负荷量的增加并不能够提高运动员中枢神经系统的兴奋性和训练效益，因此负荷量应在合理的区间内进行波动式的设置。同时，LL-HLI 负荷状态与 LL-LLI 负荷状态相比，运动员额区的 β 频段功率值有显著性差异。这提示神经元快速放电的强度增加，导致能量消耗增多，中枢神经系统的兴奋性虽然得到提高，但更容易出现疲劳。

第二，在 HL-LLI 负荷状态下，一方面，运动员脑内 5-羟色胺水平显著升高；另一方面，在这一阶段，脑内多巴胺水平较 LL-LLI 负荷状态有所下降。

第三，无论是在 HL-LLI 负荷状态下，还是在 LL-HLI 负荷状态下，运动员的脑电复杂度均呈现下降趋势，虽然两种负荷状态之间的差异并不具有显著性，但均显著低于 LL-LLI 负荷状态。

第四，本研究结果表明，中国射箭队运动员在参加 3 类大赛前，脑电复杂度与中枢神经递质水平具有一定的特殊性。在赛前 30 天内进行的中枢神经系统机能评估能够有效地发现运动员对训练计划中负荷量与负荷强度的适应程度，利于教练员及时调整训练计划。同时，由于中枢神经递质水平能够在一定程度上反映运动员的赛前心理状态，此参数可以作为赛前心理状态量化评估的参考数据，使研究人员有针对性地进行运动员的赛前心理调节。

第五，由于能够参加大型赛事的运动员数量有限，以目前的数据无法对一些变化趋势做出具有统计学意义的分析。但参考以往的研究仍可发现，脑电复杂度、中枢神经递质水平与运动员赛前中枢神经系统机能状态及心理状态存在着一定的关系，测试并分析这些指标对于监测运动员赛前竞技状态来说是一种非常有效的方法，对优秀运动员在大赛前的训练调控具有重要意义。因此，对脑电复杂度和中枢神经递质水平的监测可作为国家射箭队日常训练及大型赛事的赛前准备程序中的重要一环。

第六，首箭位置、二箭位置与末箭位置具有不同的比赛特点，其全脑中枢神经递质的分布也具有各自的特点。首箭位置运动员、末箭位置运动员的兴奋水平明显高于二箭位置运动员。在选拔不同发射位置运动员的过程中要充分考虑运动员的中枢神经系统机能特点。

第七，经过 30 天的脑波诱导训练后，运动员大脑的放松程度有了显著提高，运动员机体处于一种协调状态；脑内乙酰胆碱和去甲肾上腺素的释放有利于运动员大脑血管的舒张，提高中枢神经系统的物质代谢水平，从而使运动员的中枢神经系统机能得到改善，同时缓解紧张情绪和改善疲劳状态。

参考文献

一、专著

[1] 大熊辉雄. 临床脑电图学: 第 5 版 [M]. 周锦华, 译. 北京: 清华大学出版社, 2005.

[2] 冯连世, 冯美云, 冯炜权. 优秀运动员身体机能评定方法 [M]. 北京: 人民体育出版社, 2003.

[3] 冯连世, 李开刚. 运动员机能评定常用生理生化指标测试方法及应用 [M]. 北京: 人民体育出版社, 2002.

[4] 李捷. 运动技能形成自组织理论的建构及其实证研究 [M]. 北京: 北京体育大学出版社, 2006.

[5] 刘名顺, 闫宝云, 董全胜, 等. 实用脑电地形图学彩色图谱 [M]. 天津: 天津科学技术出版社, 1994.

[6] 梅磊. ET——脑功能研究新技术 [M]. 北京: 国防工业出版社, 1995.

[7] 谭郁玲. 临床脑电图与脑电地形图学 [M]. 北京: 人民卫

生出版社，1999.

[8] 田野. 运动生理学高级教程 [M]. 北京：高等教育出版社，2003.

[9] 佟启良，杨锡让，等. 运动生理学 [M]. 北京：北京体育学院出版社，1991.

[10] 张镜如. 生理学 [M]. 4 版. 北京：人民卫生出版社，1996.

[11] 张力为，毛志雄. 体育科学常用心理量表评定手册 [M]. 北京：北京体育大学出版社，2004.

二、期刊

[1] ASHBY F G, ISEN A M, TURKEN A U. A neuropsychological theory of positive affect and its influence on cognition [J]. Psychological review, 1999, 106 (3): 529-550.

[2] BABLOYANTZ A, SALAZAR J M, NICOLIS C. Evidence of chaotic dynamics of brain activity during the sleep cycle [J]. Physics letters A, 1985, 111 (3): 152-156.

[3] BAILEY S P, DAVIS J M, AHLBORN E N. Neuroendocrine and substrate responses to altered brain 5-HT activity during prolonged exercise to fatigue [J]. Journal of applied physiology, 1993, 74 (6): 3006-3012.

[4] BANKIER B, LITTMAN A B. Psychiatric disorders and coronary heart disease in women—a still neglected topic: review of the literature from 1971 to 2000 [J]. Psychotherapy and psychosomatics, 2002, 71

（3）：133-140.

［5］BLOMSTRAND E. Amino acids and central fatigue ［J］. Amino acids, 2001, 20（1）：25-34.

［6］DEL PERCIO C, BABILONI C, BERTOLLO M, et al. Visuo-attentional and sensorimotor alpha rhythms are related to visuo-motor performance in athletes ［J］. Human brain mapping, 2009, 30（11）：3527-3540.

［7］DOPPELMAYR M, FINKENZELLER T, SAUSENG P. Frontal midline Theta in the pre-shot phase of rifle shooting：differences between experts and novices ［J］. Neuropsychologia, 2008, 46（5）：1463-1467.

［8］DVORAK I, HOLDEN A V. Mathematical approaches to brain functioning diagnostics ［J］. Manchester University Press, 1991, 395：39-74.

［9］ELBERT T, RAY W J, KOWALIK Z J, et al. Chaos and physiology：deterministic chaos in excitable cell assemblies ［J］. Physiological reviews, 1994, 74（1）：1-47.

［10］FREEMAN W J. Strange attractors that govern mammalian brain dynamics shown by trajectories of electroencephalographic（EEG）potential ［J］. IEEE transactions on circuits and systems, 1988, 35（7）：781-783.

［11］GARDE S, REGALADO M G, SCHECHTMAN V L, et al. Nonlinear dynamics of heart rate variability in cocaine-exposed neonates during sleep ［J］. American journal of physiology heart and circulatory physiology, 2001, 280 (6): H2920-H2928.

[12] GUGER C, SCHLÖGL A, NEUPER C, et al. Rapid prototyping of an EEG-based brain-computer interface (BCI) [J]. IEEE transactions on neural systems and rehabilitation engineering, 2001, 9 (1): 49-58.

[13] HAMMOND D C. Neurofeedback for the enhancement of athletic performance and physical balance [J]. The journal of the American board of sport psychology, 2007 (1): 1-9.

[14] HRISTOPHEP M. On the role of blood flow in information processing [J]. Journal of Neurophysiology, 2006 (10): 1152.

[15] KAWAI Y, MURTHY G, WATENPAUGH D E, et al. Cerebral blood flow velocity increases with acute head-down tilt of humans [J]. The physiologist, 1992, 35 (1 Suppl): S186-S187.

[16] KERICK S E, HATFIELD B D, ALLENDER L E. Event-related cortical dynamics of soldiers during shooting as a function of varied task demand [J]. Aviation, space, and environmental medicine, 2007, 78 (5): B153-B164.

[17] KIM J, LEE H M, KIM W J, et al. Neural correlates of pre-performance routines in expert and novice archers [J]. Neuroscience letters, 2008, 445 (3): 236-241.

[18] KONDAKOR I, BRANDEIS D, WACKERMANN J, et al. Multichannel EEG fields during and without visual input: frequency domain model source locations and dimensional complexities [J]. Neuroscience letters, 1997, 226 (1): 49-52.

［19］ LAL S K L, CRAIG A. Electroencephalography activity associated with driver fatigue: implications for a fatigue countermeasure device ［J］. Journal of psychophysiology, 2001, 15 (3): 183-189.

［20］ LAWLER J M, CLINE C C, O'KROY J A, et al. Effects of inspired O_2 and CO_2 on ventilatory responses to LBNP-release and acute head-down tilt ［J］. Aviation, space, and environmental medicine, 1995, 66 (8): 751-756.

［21］ LEHNERTZ K. Non-linear time series analysis of intracranial EEG recordings in patients with epilepsy: an overview ［J］. International journal of psychophysiology, 1999, 34 (1): 45-52.

［22］ LEMPEL A, ZIV J. On the complexity of finite sequences ［J］. IEEE transactions on information theory, 1976, 22 (1): 75-81.

［23］ LOEPPKY J A, HIRSHFIELD D W, ELDRIDGE M W. The effects of head-down tilt on carotid blood flow and pulmonary gas exchange ［J］. Aviation space and environmental medicine, 1987, 58 (7): 637-644.

［24］ LOZE G M, COLLINS D, HOLMES P S. Pre-shot EEG alpha-power reactivity during expert air-pistol shooting: a comparison of best and worst shots ［J］. Journal of sports sciences, 2001, 19 (9): 727-733.

［25］ NARA S, DAVIS P, TOTSUJI H. Memory search using complex dynamics in a recurrent neural network model ［J］. Neural networks, 1993, 6 (7): 963-973.

［26］ NORLANDER T, BERGMAN H, ARCHER T. Primary process in competitive archery performance: effects of flotation REST ［J］. Journal of applied sport psychology, 1999, 11 (2): 194-209.

［27］OKOGBAA O G, SHELL R L, FILIPUSIC D. On the investigation of the neurophysiological correlates of knowledge worker mental fatigue using the EEG signal ［J］. Applied ergonomics, 1994, 25 (6): 355-365.

［28］PINCUS S. Approximate entropy (ApEn) as a complexity measure ［J］. Chaos, 1995, 5 (1): 110-117.

［29］POWERS S K, STEWART M K, LANDRY G. Ventilatory and gas exchange dynamics in response to head-down tilt with and without venous occlusion ［J］. Aviation, space, and environmental medicine, 1988, 59 (3): 239-245.

［30］PRITCHARD W S, DUKE D W. Measuring chaos in the brain: a tutorial review of nonlinear dynamical EEG analysis ［J］. International journal of neuroscience, 1992, 67 (1/2/3/4): 31-80.

［31］SKARDA C A, FREEMAN W J. How brains make chaos in order to make sense of the world ［J］. Behavioral and brain sciences, 1987, 10 (2): 161-173.

［32］TANG W T, ZHANG W Y, HUANG C C, et al. Postural tremor and control of the upper limb in air pistol shooters ［J］. Journal of sports sciences, 2008, 26 (14): 1579-1587.

［33］VIJAYALAKSHMI P, MADANMOHAN. Acute effect of 30 degrees, 60 degrees and 80 degrees head-down tilt on blood pressure in young healthy human subjects ［J］. Indian journal of physiology and pharmacology, 2006, 50（1）: 28-32.

[34] WEICKER H, STRÜDER H K. Influence of exercise on serotonergic neuromodulation in the brain [J]. Amino acids, 2001, 20（1）: 35-47.

[35] ZHANG L Y, ZHENG C X, LI X P, et al. Feasibility study of mental fatigue grade based on kolmogorov entropy [J]. Space medicine & medical engineering, 2005（5）: 375-380.

[36] 曹河圻, 沃建中, 林崇德, 等. 6~12岁儿童脑电α波频率分布特点与信息加工速度的关系 [J]. 心理学探新, 2000（4）: 32-37.

[37] 曹家义. 正电子发射断层扫描在神经外科应用进展 [J]. 中国微侵袭神经外科杂志, 1998（3）: 218-221.

[38] 陈一帆, 翁庆章. 过度训练运动员脑电波的功率谱分析及其计算机频域差值判别方法 [J]. 中国运动医学杂志, 1988（1）: 10-14.

[39] 陈忠, 李金琳, 章琪. 人脑智能产生的非线性机制——脑混沌与脑自组织 [J]. 科学技术与辩证法, 1997（4）: 23-28.

[40] 范维, 刘晓燕. 不同年龄及状态下儿童脑电复杂度的特征 [J]. 北京大学学报（医学版）, 2003（5）: 462-465.

[41] 范维, 刘晓燕. 儿童癫痫发作前期脑电复杂性的分析 [J]. 临床神经电生理学杂志, 2003（2）: 67-70.

[42] 房晓伟, 李少丹. 从中韩射箭运动比较探我国青少年射箭运动之发展 [J]. 南京体育学院学报（社会科学版）, 2011（3）:

109-112.

[43] 房晓伟，李少丹．潜优势射箭项目青少年基础训练关键问题的调查 [J]．首都体育学院学报，2011，23（5）：456-461.

[44] 付宪红，李长龙．运动生理监控指标研究进展 [J]．南京体育学院学报（自然科学版），2010（3）：158-160.

[45] 顾凡及，宋如垿，王炯炯，等．不同状态下脑电图复杂性探索 [J]．生物物理学报，1994（3）：439-445.

[46] 郭蓓，姚颂平．我国射箭运动训练现状的调查与分析 [J]．中国体育科技，2005（5）：108-112.

[47] 郭蓓．射箭备战重大比赛期各部分训练内容的基本特点 [J]．体育科研，2006（6）：51-58.

[48] 郭蓓．射箭备战重大比赛期专项训练负荷的特点 [J]．体育科研，2006（5）：46-52.

[49] 郭蓓．射箭备战重大比赛训练的监控 [J]．体育科研，2007（3）：56-63.

[50] 郭蓓．射箭项目制胜规律探讨 [J]．体育科研，2006（4）：64-70.

[51] 郭显德，石岩．韩国和美国射箭运动科学化训练特点的研究 [J]．中国体育科技，2001（2）：40-42.

[52] 郭显德，石岩．现代射箭运动竞技特征与我国射箭奥运夺金策略的研究 [J]．体育科学，2003（1）：71-74.

[53] 韩东旭，刘月红，周传岱，等．头低位卧床对人 EEG 的影响 [J]．航天医学与医学工程，2001（3）：168-171.

[54] 韩清鹏，王平，王黎，等. 疲劳状态下 EEG 信号 α 波的最大李雅普诺夫指数估算 [J]. 江南大学学报（自然科学版），2006（5）：627-630.

[55] 何航程，沈模卫，陈硕，等. 认知神经科学领域脑电复杂性测度方法的新进展 [J]. 应用心理学，2002（3）：51-55.

[56] 何洋，王霆，石岩. 我国大龄射箭运动员脑电特征的研究 [J]. 北京体育大学学报，2008（4）：493-495.

[57] 何洋，王霆，石岩. 我国高水平射箭运动员选材指标与标准的研究 [J]. 体育科学，2008（5）：33-43.

[58] 何洋，王霆，石岩. 我国优秀射箭运动员冬训期间脑机能变化的研究 [J]. 中国体育科技，2008，44（4）：100-104.

[59] 何洋，王霆，石岩. 我国优秀射箭运动员脑功能特征研究 [J]. 成都体育学院学报，2007，33（2）：73-77.

[60] 何洋，王霆，石岩. 我国优秀射箭运动员赛前焦虑与恐惧脑象图特征研究 [J]. 成都体育学院学报，2008，34（1）：75-80.

[61] 何洋，王霆，石岩. 优秀射箭运动员大赛前脑机能特点的研究 [J]. 中国体育科技，2009，45（1）：83-87.

[62] 贺太纲，刘建平. 精神疲劳及其测定 [J]. 生物医学工程学杂志，1996，13（3）：267-273.

[63] 洪波，唐庆玉，杨福生，等. 近似熵、互近似熵的性质、快速算法及其在脑电与认知研究中的初步应用 [J]. 信号处理，1999（2）：100-108.

[64] 胡洁，胡净，黄定君. 脑磁图研究进展 [J]. 生物医学工

程与临床, 2003 (3): 181-184.

[65] 黄登惠, 孙晓菁. 女运动员脑电图特点 [J]. 四川体育科学, 1988 (4): 24-28.

[66] 黄登惠, 刘宇宁, 孙晓菁. 少年运动员脑电图特点 [J]. 成都体院学报, 1987, 13 (3): 96-100.

[67] 黄登惠. 117 例运动员 α 脑波分析 [J]. 成都体育学院学报, 1990, 16 (2): 89-93.

[68] 黄华品, 陈清棠, 郑安. 健康人不同生理状态下的脑电近似熵的观测 [J]. 中国应用生理学杂志, 2000 (4): 321-323.

[69] 黄力宇, 王伟勋, 程敬之. 基于大脑皮层互信息理论的睡眠分级研究 [J]. 生物物理学报, 2001 (1): 98-104.

[70] 季忠, 秦树人. 时频测试方法在脑电信号分析中的应用 [J]. 重庆大学学报 (自然科学版), 2003 (11): 1-5.

[71] 蒋长好, 陈婷婷. 脑电生物反馈对认知和脑功能的影响 [J]. 内蒙古师范大学学报 (自然科学汉文版), 2015 (1): 129-132.

[72] 李蓓蕾, 林磊, 董奇, 等. 儿童精细动作能力的发展及与其学业成绩的关系 [J]. 心理学报, 2002 (5): 494-499.

[73] 李德明, 梅磊, 刘昌, 等. 与年龄及认知功能相关的成人脑波功率涨落图特点 [J]. 心理学报, 1996 (4): 405-413.

[74] 李伟, 申广浩, 周伟, 等. 基于各物理因素对睡眠剥夺者脑电的影响 [J]. 中国医学物理学杂志, 2009 (3): 1239-1241.

[75] 李欣鑫, 李建英. 优秀射箭运动员不同负荷状态下中枢神经递质及脑电复杂度变化的研究 [J]. 体育科学, 2015 (3): 39-43.

［76］李颖洁，樊飞燕，陈兴时．脑电分析在认知研究中的进展
［J］．北京生物医学工程，2006（3）：321-324.

［77］李颖洁，樊飞燕，朱贻盛．精神分裂症脑电在不同认知作
业下的复杂度分析［J］．北京生物医学工程，2006（5）：470-473.

［78］李志宏，刘瑛，张桂青．手倒立与中老年知识分子高血压
脑溢血的预防研究［J］．体育与科学，2002（6）：59-60.

［79］林岭，张力为．运动性心理疲劳相关指标研究［J］．中国
运动医学杂志，2008（2）：231-234.

［80］刘慧，丁北生，刘洁，等．局限性癫痫脑电时间序列的三
种复杂度计算比较［J］．生物物理学报，1998（2）：77-82.

［81］刘慧，和卫星，陈晓平．睡眠脑电的非线性动力学方法
［J］．江苏大学学报（自然科学版），2005（2）：174-177.

［82］刘建平，贺太纲，郑崇勋，等．EEG 复杂性测度用于大脑
负荷状态的研究［J］．生物医学工程学杂志，1997，14（1）：33-37.

［83］刘苗苗，艾玲梅．驾驶疲劳脑电信号的多尺度熵分析［J］．
计算机技术与发展，2011（8）：209-212.

［84］鲁在清．脑电图的发现及发展简史［J］．现代电生理学杂
志，2012，19（2）：113-115.

［85］吕雅君，马启伟，李安格，等．运动员脑象图与智力 IQ 的
相关研究［J］．天津体育学院学报，2001（4）：20-22.

［86］马园园，郑罡，周洁敏，等．基于 fMRI 的脑功能整合数据
分析方法综述［J］．生物物理学报，2011，27（1）：18-27.

［87］毛峡，朱刚．1/f 波动数据的产生及其舒适感分析［J］．北

京航空航天大学学报，2002（3）：253-256.

[88] 梅磊，刘月红，曲战胜. 记忆状态下脑波超慢涨落图分析 [J]. 航天医学与医学工程，1989（3）：157-163.

[89] 潘映辐. 诱发电位的基础知识及其进展 [J]. 临床脑电学杂志，2000，9（1）：60-62.

[90] 潘昱，沃建中，林崇德.13~18岁青少年表象能力的发展和脑电α波的关系 [J]. 心理发展与教育，2001（4）：6-11.

[91] 裴晓梅，和卫星，郑崇勋. 基于脑电复杂度的意识任务的特征提取与分类 [J]. 中国生物医学工程学报，2005（4）：421-425.

[92] 彭建华，刘延柱. 脑科学中若干非线性动力学问题 [J]. 力学进展，2003（3）：325-332.

[93] 彭静，彭承琳. 混沌理论和方法在医学信号处理中的应用 [J]. 国际生物医学工程杂志，2006（2）：124-127.

[94] 秦素荣. 运动员脑电图研究综述 [J]. 西安体育学院学报，2003（2）：54-56.

[95] 沈帅. 运动训练的生理监控与生理学分析 [J]. 体育科技，2014（4）：95-96.

[96] 石岩，郭显德. 优秀女子射箭运动员10年训练中人格变化与训练策略 [J]. 成都体育学院学报，2004（6）：69-71.

[97] 史祝梅. 杠铃蹲起负荷前、后脑电功率值的变化 [J]. 中国体育科技，1999（8）：10-12.

[98] 宋爱晶，裘晟，张援，等. 比赛应激源对不同级别竞技水平跳水运动员脑α波与神经递质的时序影响 [J]. 中国运动医学杂

志，2014（6）：583-589.

[99] 宋高晴. 热条件下运动负荷对脑的生理功能及代谢的影响[J]. 山东体育学院学报，2004（3）：48-51.

[100] 孙贵新，徐文东，顾玉东. 手部相关脑功能可塑性的研究进展[J]. 实用手外科杂志，2002（3）：159-161.

[101] 田麦久. 运动训练学发展历程的回顾及 21 世纪展望[J]. 体育科学，1999（2）：33-36.

[102] 万柏坤，陈骞，綦宏志. 早老性痴呆的脑电复杂度与近似熵特征分析[J]. 北京生物医学工程，2005（2）：103-107.

[103] 王晨，郑樊慧，赵德峰，等. 排球运动员中枢神经系统机能监控相关指标研究[J]. 中国运动医学杂志，2015（4）：375-382.

[104] 王乐军，陆爱云，郑樊慧，等. 低负荷静态收缩诱发屈肘肌疲劳的肌电与脑电相干性分析[J]. 体育科学，2014（2）：40-47.

[105] 王黎，于涛，闻邦椿. 基于脑电 α 波的非线性参数人体疲劳状态判定[J]. 东北大学学报（自然科学版），2005（12）：1174-1177.

[106] 王丽岩，李安民，王洪彪. 乒乓球运动员动作识别时的脑电相干性分析[J]. 体育科学，2013，33（5）：31-40.

[107] 王琳. 优秀蹦床运动员脑电超慢涨落参数特征的研究[J]. 成都体育学院学报，2012（8）：49-52.

[108] 王三保，刘大庆. 射箭淘汰赛制胜要素理论探析[J]. 北京体育大学学报，2013（9）：129-134.

[109] 王霆，李建英，石岩，等. 优秀射箭运动员倒立训练后脑电非线性参数及脑功能变化特征的研究[J]. 体育科学，2014，34

(2)：48-53.

[110] 王霆，李建英，时卫东. 中国射箭队备战第 17 届仁川亚运会不同训练阶段脑电非线性参数分析及脑波诱导干预的研究 [J]. 天津体育学院学报，2015（1）：47-51.

[111] 王霆，李建英. 优秀气手枪运动员负荷状态下特定脑区脑电复杂度变化特征的研究 [J]. 天津体育学院学报，2014，29（5）：389-393.

[112] 王霆，王德堃，邓兴国. 脑电非线性动力学分析在优秀射箭运动员中枢疲劳研究中的应用 [J]. 体育科学，2010（2）：64-69.

[113] 王晓军，李稚. 连续大强度比赛对女子曲棍球运动员脑内神经递质的影响 [J]. 广州体育学院学报，2011（5）：89-92.

[114] 王晓军. 短期强度负荷对射击运动员脑神经递质的影响 [J]. 体育科技，2008（3）：67-68.

[115] 韦军，王琳. 优秀气手枪射击运动员临赛前脑电图变化的特征研究 [J]. 山东体育学院学报，2010（1）：55-59.

[116] 魏高峡，梁承谋，李佑发，等. 优秀游泳运动员赛前心理状态的脑功能特征研究 [J]. 体育科学，2005（10）：41-46.

[117] 翁庆章，杨伟钧. 过度训练综合症运动员的脑电图（附 50 例图形分析）[J]. 中国体育科技，1983（1）：13-16.

[118] 沃建中，林崇德，曹河圻，等. 6~12 岁儿童脑波功率涨落特点与信息加工速度的关系 [J]. 北京师范大学学报（自然科学版），2001（1）：118-125.

[119] 沃建中，林崇德，刘军. 6~12 岁儿童脑波超慢涨落功率

与计算速度的关系 [J]. 心理学报, 2001 (6): 526-531.

[120] 沃建中, 林崇德, 潘昱. 13~18 岁青少年脑电 α 波的发展特点 [J]. 北京师范大学学报 (自然科学版), 2001 (6): 825-831.

[121] 吴东宇, 董为伟. 脑电非线性分析在认知功能研究中的应用 [J]. 中华神经科杂志, 2003 (5): 335-338.

[122] 徐辉, 周末艾, 高晓嶙, 等. 中国优秀女子橄榄球运动员大脑神经生物学特征分析 [J]. 中国运动医学杂志, 2012 (5): 443-447.

[123] 徐京华, 吴祥宝. 以复杂度测度刻划人脑皮层上的信息传输 [J]. 中国科学 (B 辑 化学 生命科学 地学), 1994 (1): 57-62.

[124] 徐立彬, 李安民, 刘玉. 优秀运动员大脑神经效率及可塑性特点 [J]. 首都体育学院学报, 2013 (6): 566-572.

[125] 许实德, 廖先兴, 李顺福, 等. 射箭运动员定量负荷疲劳程度若干指标的测试与分析 [J]. 广州体育学院学报, 1994 (2): 76-80.

[126] 许实德, 廖先兴. 射箭运动员定量负荷后疲劳消除效果的研究 [J]. 广州体育学院学报, 1994 (3): 31-36.

[127] 许永刚, 徐开才. 中国射箭女队第 25 届奥运会赛前计划及周训练调控 [J]. 体育科学, 1994 (6): 33-38.

[128] 杨红军, 胡三觉. 混沌在神经系统中的作用 [J]. 生理科学进展, 2002 (3): 259-261.

[129] 杨斯环, 杨秦飞, 石继明, 等. 不同生理状态时脑电时间序列的三种复杂度计算比较 [J]. 生物物理学报, 1996 (3):

437-440.

[130] 姚家新，张力为，李京诚，等. 运动心理学研究进展 [J]. 天津体育学院学报，2008（1）：1-10.

[131] 姚士硕，张国棣，吴洪水，等. 不同训练水平大学生安静时，负荷时及疲劳时的脑电分析 [J]. 安徽师大学报（自然科学版），1981（2）：145-156.

[132] 张崇，郑崇勋，于晓琳，等. 基于脑电近似熵的脑机能疲劳状态分析 [J]. 航天医学与医学工程，2006（6）：459-461.

[133] 张德富，殷正坤. 人工神经网络的发展及其哲理 [J]. 科学技术与辩证法，2000（4）：17-20.

[134] 张力为. 值得运动心理学家探索的 6 个问题 [J]. 心理学报，2004（1）：116-126.

[135] 张胜，乔世妮，王蔚. 抑郁症患者脑电复杂度的小波熵分析 [J]. 计算机工程与应用，2012（4）：143-145.

[136] 张树栋. 运动员过度训练综合症的脑电图 [J]. 体育科技资料，1974（18）：42-52.

[137] 张秀丽，刘卉，刘学贞. 射箭技术评价指标的综合研究 [J]. 体育科学，2008（12）：21-38.

[138] 张振民，岑浩望，徐敬琴，等. 中国女排运动员不同负荷自行车运动时脑电图研究 [J]. 中国运动医学杂志，1984（4）：212-218.

[139] 张振民，郭丹华，黄晓丁，等. 高水平射击运动员想象射击期间大脑唤醒水平和心率的研究 [J]. 体育科学，1993（3）：

86-89.

[140] 张振民，马国敏，关伊，等．优秀乒乓球运动员神经调节机能特征 [J]．中国运动医学杂志，1998（3）：200-205.

[141] 张振民，杨伟钧．自行车运动员"动作回忆"对脑电波 α 指数的影响 [J]．体育科技资料，1980（26）：27-33.

[142] 张振民，周未艾，蔡振华，等．中国乒乓球世界冠军运动员脑功能特征研究 [J]．中国运动医学杂志，2002（5）：452-457.

[143] 张振民，周未艾，张云，等．采用脑生物电诱发试验诊断优秀运动员中枢疲劳 [J]．中国运动医学杂志，2004（4）：422-425.

[144] 张志琴，张佃中．脑电 Lempel-Ziv 复杂度分析的预处理 [J]．中国医学物理学杂志，2009（5）：1422-1424.

[145] 张作生，张晓晖．脑电与认知活动的相关性 [J]．生物学杂志，1999（6）：9-10.

[146] 赵国明，魏柳青，赵小坤，等．个性化参赛方案与发射前行为程序对高水平射箭运动员竞赛策略、赛前心理状态及竞赛操作绩效的影响 [J]．体育科学，2013，33（12）：39-48.

[147] 赵龙莲，伍文清，胡广书．基于脑电反馈的难治性癫痫病人的近似熵分析 [J]．清华大学学报（自然科学版），2009（3）：411-415.

[148] 赵仑，魏金河，严拱东，等．模拟失重条件下与选择心算关联的脑电位的动态变化 [J]．航天医学与医学工程，1998（3）：13-17.

[149] 郑樊慧，全志伟，张平法．不同训练期间移动靶运动员脑

电超慢信号系统的变化特点 [J]. 体育科研, 2010 (6): 44-50.

[150] 郑樊慧, 张忠秋. 飞碟多向运动员比赛前后脑电绝对功率值的比较 [J]. 上海体育学院学报, 2007 (5): 45-50.

[151] 郑杨, 王刚, 徐进, 等. 大脑皮层-肌肉交互作用与注意力关系的实验研究 [J]. 西安交通大学学报, 2014 (6): 134-138.

[152] 周北云, 李捷, 罗智. 脑电活动类型对优秀举重运动员选材评估的价值 [J]. 中国临床康复, 2005 (36): 102-105.

[153] 周颢, 邵晨曦. 脑电波的定性复杂度研究 [J]. 计算机仿真, 2011 (12): 172-174.

[154] 周家骥, 陈丹萍. 射箭运动员不同训练、竞赛情境下的心理焦虑 [J]. 上海师范大学学报 (自然科学版), 2006 (6): 104-107.

[155] 周卫东, 胡中榫, 刘希汉. 脑电反馈的研究及其临床应用 [J]. 中国生物医学工程学报, 1995 (2): 182-186.

[156] 周未艾, 陈海涛, 何文革, 等. 中国优秀射击运动员超慢脑电涨落图分析 [J]. 中国运动医学杂志, 2010 (2): 197-202.

[157] 周未艾, 陈长庚, 张振民, 等. 中国优秀跳水运动员大脑机能监控研究 [J]. 中国运动医学杂志, 2004 (6): 649-653.

[158] 周未艾, 何文革, 王义夫, 等. 我国优秀射击运动员大脑机能状态研究 [J]. 中国运动医学杂志, 2009 (6): 689-692.

三、硕士、博士论文

[1] 安燕. 不同项目优秀运动员运动表象过程中的脑电变化特

点研究［D］.上海：华东师范大学，2010.

［2］鲍九枝.不同氧环境对运动疲劳后恢复期脑电变化的影响［D］.北京：北京体育大学，2006.

［3］房晓伟.我国青少年射箭项目基础训练关键问题研究［D］.北京：北京体育大学，2012.

［4］何洋.我国优秀射箭运动员脑电特征的研究［D］.太原：山西大学，2008.

［5］李四化.心理疲劳下运动员反应效果监控的 ERP 特征［D］.北京：北京体育大学，2013.

［6］刘敏.中国优秀手枪射击运动员持枪臂表面肌电特征及其训练监测系统的应用研究［D］.太原：山西大学，2010.

［7］吕雅君.平均诱发电位、混沌、脑象图与运动智力的相关研究［D］.北京：北京体育大学，1995.

［8］马群.不同程度运动性心理疲劳心率变异性与脑电图特征［D］.北京：北京体育大学，2009.

［9］毛爱华.我国优秀散打运动员成长过程不同阶段的训练特征研究［D］.上海：上海体育学院，2011.

［10］沈恩华.脑电的复杂度分析［D］.上海：复旦大学，2005.

［11］盛倩倩.轻度认知功能障碍与正常老年人记忆、脑电改变的纵向研究［D］.天津：天津医科大学，2013.

［12］孙卫国.癫痫脑电的复杂度和近似熵研究［D］.广州：第一军医大学，2006.

［13］王三保.我国射箭项目特点及制胜规律研究［D］.北京：

北京体育大学, 2011.

[14] 王霆. 脑电非线性分析在高水平射击射箭运动员中枢机能研究的应用 [D]. 太原: 山西大学, 2015.

[15] 韦军. 优秀射击运动员临赛前脑电和唾液皮质醇变化的相关性研究 [D]. 北京: 北京体育大学, 2007.

[16] 魏高峡. 优秀游泳运动员赛前心理状态的脑波超慢涨落分析 [D]. 北京: 北京体育大学, 2005.

[17] 吴东宇. 脑电非线性动力学分析在认知功能研究中的应用 [D]. 重庆: 重庆医科大学, 2002.

[18] 吴卫国. 基于常用脑电分析指标和 HRV 统计指标对运动员脑电 α 波的研究 [D]. 北京: 首都体育学院, 2010.

[19] 殷加宝. 对网球运动员忆象比赛状态时脑电及神经递质变化的研究 [D]. 长春: 东北师范大学, 2012.

四、其他

[1] PINCUS S M. Approximate entropy: a complexity measure for biological time series data [C] //IEEE. Proceedings of the 1991 IEEE Seventeenth Annual Northeast Bioengineering Conference. USA, Hartford: Hartford Graduate Center, 1991: 35-36.

[2] 胡咏梅, 张忠秋, 徐红, 等. 优秀击剑运动员脑象图特征的研究 [C] //中国体育科学学会运动心理学专业委员会, 中国心理学会体育运动心理学专业委员会. 第 8 届全国运动心理学学术会议论文汇编. 天津: 天津体育学院, 北京: 国家体育总局体育科学研究所,

2006：9.

　　［3］张振民，关侣，马国敏，等．优秀乒乓球运动员神经调节机能的特征［C］//中国体育科学学会．第五届全国体育科学大会论文摘要汇编．北京：北京体育大学，1997：81.

附录　各脑区的英文代码和中文名称

各脑区的英文代码和中文名称见表1。

表1　各脑区的英文代码和中文名称

脑区的英文代码	脑区的中文名称
Fp1	左额极
Fp2	右额极
F3	左额
F4	右额
C3	左中央
C4	右中央
F7	左前颞
F8	右前颞
T3	左颞中
T4	右颞中
T5	左后颞
T6	右后颞
P3	左顶
P4	右顶
O1	左枕
O2	右枕

致谢

　　本书的选题及研究是在石岩导师的亲切关怀和悉心指导下完成的。他严肃的科学态度、严谨的治学精神、精益求精的工作作风，深深地感染和激励着我。无论是书的选题、框架的设计，还是修改定稿，石岩导师都倾注了大量心血。他深厚的理论素养、丰富的实践知识开拓了我的视野，扩展了我的思路，使我的科研能力有了很大的提高。他的无私帮助和热忱鼓励使我的写作顺利完成。在此，谨向石岩导师表达衷心的感谢。

　　我还要感谢王霆师兄。师兄在百忙之中抽出时间帮助我搜集文献资料，帮助我理清本书写作思路，对我的写作提出了诸多宝贵的意见和建议。在此，对师兄的帮助表示真挚的感谢。

　　最后，感谢我的家人对我给予的支持和包容。他们的每一次鼓励都是我前进的动力。